가격 결정의 기술

THE PRICING MODEL REVOLUTION:
How Pricing Will Change the Way We Sell and Buy On and Offline

Copyright © 2022 Danilo Zatta

THE

PRICING MODEL REVOLUTION

가 격 책 정 의 패 러 다 임 을 확 장 하 라

가격 결정의 기술

  다닐로 자타 지음 | **강성실** 옮김

소비자의 지갑을 열게 할
혁신적인 가격 정책에 주목하라!

섧딤 **한국물가정보**

날마다 내게 에너지를 충전해주는
나의 아내 바베트와 아이들 나탈리, 세바스찬, 매릴레나에게
이 책을 바친다.
그리고 내 어머니 안네마리를 기억하며......
당신은 영원히 제 가슴 속에 살아 계실 거예요.

혁신적이고 전략적인 가격 결정 및 수익화를 주제로 한 책을 집필할 수 있게 된 것은 나에게 아주 큰 행운이라 생각한다. 전 세계 모든 산업 분야의 기업들과 투자자들이 미래를 준비하고 수익성을 향상시키도록 도울 수 있다는 것 또한 특권이라 생각한다. 그들에게 도움을 주면서 나는 날마다 배우고 있고 이 책의 집필 또한 그들이 내게 준 가르침이 없었다면 불가능했을 것이다.

현재의 내가 존재할 수 있도록 도움을 준 많은 경영인에게 감사드리고 싶다. 내가 그들을 도울 수 있도록 신뢰를 보내주고 많은 새로운 지식과 경험을 준 함께 일한 기업들의 훌륭한 모든 분께 감사드린다. 또한 수익화와 관련해 생각을 공유해주고 성공적인 혁신의 구체적인 사례들을 수집하고 인용하도록 허락해준 모든 이들에게 진심으로 감사를 표하고 싶다. 여러 주요 사상가들과 가격 결정 전문가들, 그리고 업계의 혁신가들과 개인적인 친분을 맺고 있다는 것도 운이 좋았다. 이 모든 분이 내가 그들의 가르침과 피드백을 얼마나 소중히 여기는지 알기를 바란다.

　수익화에 대해 열정적인 전문가들과 최고경영자들, 고문단, 그리고 가격 결정의 모든 측면에 관한 토론 및 심층 분석을 위해 논쟁 상대가 되어준 다음의 분들께도 감사의 마음을 전하고 싶다(기여한 순서대로 나열한다.) 킬리안 플라이쉬, 필립 코틀러, 실비아 시프레-위브로, 소스텐 립스, 이네케 웨젠도르프, 프란세스코 쿠아르투치오, 가버 애덤, 하지브 칸다리, 벤자민 슈와르저, 카이-마르쿠스 뮐러, 벤자민 그레더, 마트야스 마르코비치, 마우로 가로팔로, 패트리시아 햄튼, 마르쿠스 짜우데르나, 애나 반 케벨, 헬무트 아르, 액셀 보르셰르딩, 랠프 게이둘, 우엘리 토이셔, 지오바니 바티스타 바치, 토마스 인겔핑거, 비토리오 베르타조니, 크리스토프 베렌스 폰 라우텐펠드, 알레산드로 피치니니, 프랭크 골러, 앨프 뉴게바우어, 루이기 콜라볼페, 디에트마르 보겐레이터, 파올로 데 안젤리, 시모네 도미니치.

　도움과 지원을 아끼지 않은 편집 및 출판팀에게도 감사드린다. 어떤 책이든 처음에 하나의 아이디어에 불과한 것을 책으로 출간하기까지는 팀 전체의 노력이 필요하다. 그들의 수고와 지원에 진심으로 감사드리는 바이다. 집필 시작 단계에서부터 전 편집 과정에 걸쳐 열정적으로 도움을 준 애니 나이트, 데비 쉰들라, 코리사 홀렌벡, 로라 쿡슬리에게 감사를 표한다.

　그리고 무엇보다도 내가 사랑하는 일인 기업의 성장과 번영에 도움이 되는 아이디어를 배우고 공유하는 일을 할 수 있도록 영감과 동기를 불어넣어 주고 공간을 허락해 준 나의 아내 바베트와 세 아이들 나탈리, 세바스찬, 마릴레나에게 감사의 마음을 전하는 바이다.

"가격에 관한 책은 많다. 그러나 이 책은 여러 혁신적인 가격 결정 방식을 검토하고자 하는 관리자들이 읽기에 가장 좋은 책이다. 이 책은 온라인과 오프라인, 그리고 판매자와 구매자 모두에게 필요한 가격 결정에 관한 주제를 모두 아우르고 있다."

– 필립 코틀러Philip Kotler, 노스웨스턴대학교 켈로그 경영대학원 국제 마케팅 석좌 교수

"자타의 책은 앞으로 성공적으로 가격 결정을 하기를 원하는 이라면 누구나 읽어야 하는 필독서다. 이 책은 근본적으로 중요한 사업 수익성을 주제로 한 많은 통찰과 구체적인 지침을 제공하고 있다."

– 토머스 인겔핑거Thomas Ingelfinger, 니베아-바이어스도르프 임원

"다닐로 자타의 책은 가격 결정 코드를 발견하기 위한 비전으로 가득한 특별한 여정이다."

– 일 솔레 24 오레Il Sole 24 Ore, 이탈리아의 유명 경제지

"어떤 외부 환경에서 경영하고 어떤 상품을 판매하고 어떤 고객을 만족시켜야 하든 상관없이 진정한 가격 결정 전문가가 집필한 이 책은 당신의 기업과 고객 모두의 가치를 극대화할 수 있는 최적의 유연한 가격 결정 모델을 찾는 데 영감을 불어넣어 줄 것이다."

– 알레산드로 피치니니Alessandro Piccinini, 네스프레소 오스트리아 CEO

"예전에 다닐로 자타와 함께 일하며 좋은 성과를 얻었기에 그의 새 책이 나왔다는 소식을 듣고 반가웠다. 핵심 전략으로서의 가격 결정에 관한 고무적이고 혁신적인 생각을 접할 수 있기를 정말 고대하고 있다."

– 크리스토프 베렌스 폰 라우텐펠드Christoph Berens von Rautenfeld,
지멘스 스마트 인프라스트럭처 경쟁력 프로그램 책임자

"실용적이고 구체적이며 깨우침을 주는 가격 결정에 관한 최고의 책이다. 최고의 가격 결정 전문가가 집필한 모든 경영자들이 반드시 읽어야 할 필독서다!"

– 지오바니 B. 바치Giovanni B. Vacchi,
콜롬비니 그룹 (콜롬비니, 페발 카사, 본템피, 로사나 쿠치네) CEO

"영감을 주는 책. 서비스에 비용을 지불하는 것에 익숙하지 않은 전통적인 시장에서 데이터 기반의 혁신적인 솔루션을 개발할 때 매우 도움이 될 것이다. 새로운 수익화 전략은 판도를 뒤집는 솔루션을 마련하기 위해 진입 장벽을 낮추는 열쇠이다."

– 실비아 시프레 위브로우Silvia Cifre Wibrow, 보쉬 바스프 스마트 농업 이사

"신제품을 출시할 때 어떻게 적합한 가격 모델을 채택할 것인가? 이 혁신적인 책에서 경영 전문가인 다닐로 자타는 리더와 의사결정자들에게 경쟁 우위를 확보하는 데 있어 가장 중요한 관리 도구를 제공하고 있다."

– 루이지 콜라볼페Luigi Colavolpe,
유니크레디트 인터내셔널 은행(룩셈부르크) 사무국장 겸 재무 담당 최고 책임자

"어느 기업이든 가격이 전략적 우위를 점할 수 있도록 해주는 주요 근원인 이유를 알고 싶다면 이 책을 읽어 보라."

– 뉴욕 타임스

"가격 결정에 관한 한 다닐로 자타는 세계 제일의 전문가다. 그는 조직에 맞는 최고의 가격 모델을 찾아주기 위해 전 세계 유수의 기업들과 함께 일한 수십 년 동안의 경험을 이 책에 담아냈다."

– 디에트마 보겐라이터Dietmar Voggenreiter, 도이츠 감사회 회장

"혁신적인 가격 결정 모델은 수익성을 향상시켜 주는 차별화의 근원이라 볼 수 있으므로 모든 가격 담당자들은 이 지침서를 읽는 것에 우선순위를 두어야 할 것이다."

–파올로 드 안젤리Paolo De Angeli (CPP(공인가격전문가), 보레알리스 성과 관리부장

가격 결정의 기술

THE PRICING MODEL REVOLUTION

THE PRICING MODEL REVOLUTION

"어제 일어난 일에 대해 걱정하기보다는 내일을 창조하는 일에 나서자."

— 스티브 잡스Steve Jobs

　기업 경영을 책임지는 최고 경영진들은 점차 전문적인 가격 경영이 얼마나 중요한 역할을 하는지에 대해 눈뜨고 있다. 사업 경영에 있어 반드시 필요한 전제 조건으로 여겨졌던 가격 결정은 이제 최고경영자들이 가장 관심을 기울이는 우선순위의 현안으로 떠올랐다. 이런 분위기는 미국을 필두로 유럽, 아시아, 중동, 아프리카로까지 번지고 있다. 실제로 경영진이 가격 결정에 우선순위를 두는 기업들이 수익성 면에서 동종의 다른 기업들을 제치고 앞서가고 있다는 사실이 증명되고 있다.

　새로운 생태계와 새로운 마케팅 기법이 결합된 기술 발전과 데이터 과학의 발전으로 인해 기존의 수익 모델은 파괴되고 이른바 '가격 결정 모델 혁명'은 가속화되고 있다. 가격 결정 모델 혁명은 기업이 고객에게 가져다주는 가치를 담아내는 혁신적인 방식이다.

새로운 가격 결정 모델의 개발은 수익 감소 상황을 호전시켜 수익성 높은 성장의 길로 회귀하도록 만들 수 있다. 또한 구식의 거래 관행과 전통적인 가격 책정 방식을 고수하려는 기업들에 비해 경쟁 우위를 확보하는 데 도움이 되기도 한다.

이 책의 목표는 혁신적인 수익화 방식들을 통해 기업이 수익성을 달성할 수 있는 다양한 새로운 길을 제시하는 것이다. 1부에서는 가격 결정 모델 혁명이 일어나게 된 배경에 대해 알아볼 것이며, 이어서 2부에서는 10가지 접근법들을 다음의 3단계에 걸쳐 자세히 살펴보려 한다. 먼저 '사례 연구'에서 해당 접근법이 실제로 어떻게 적용되었는지를 보여줄 것이다. 그다음으로 '배경 분석'에서는 해당 주제에 대한 심층 분석이 제시된다. 마지막으로 '요약'에서는 해당 장에서 다룬 핵심적인 가르침을 정리해준다. 그리고 3부에서는 가격 결정 모델 혁명에서 승자가 될 수 있는 방법을 보여주고 있다.

모쪼록 이 책은 기업의 수익 실현 및 가격 결정의 실례와 함께 다양한 실제 사례 연구와 일화를 제공함으로써 영감의 원천이자 창조적 대안 생산의 수단으로서 독자들이 수익 실현 방식을 향상시키는 방안을 모색하는 데 도움이 되고자 한다.

– 다닐로 자타Danilo Zatta
2022년 5월 로마와 뮌헨에서
danilo.zatta@alumni.insead.edu

THE

PRICING MODEL REVOLUTION

1부

가격 결정 모델 혁명

1장

우선순위로서의 수익화

기업을 평가하는 데 있어 가장 중요한 판단 기준은 가격 결정력이다.
경쟁자에게 뒤지지 않고도 가격을 인상할 힘이 있는 기업이라면 아주
훌륭한 기업이다. 반대로 가격을 10% 인상하기에 앞서 신에게 기도해
야 하는 기업이라면 형편없는 기업이다.

― 워런 버핏Warre Buffett, 버크셔 해서웨이Berkshire Hathaway 회장

가격 결정: 경쟁 우위 확보의 새로운 근원

가장 성공한 기업들(평균 이상의 수익을 올리는 기업들)은 경쟁 우위를 확보할 수 있는 새로운 근원을 발견했다. 그것은 바로 '가격 결정'이다. 그리고 그와 더불어 혁신적인 수익화 접근법을 통해 고객들에게 제공하는 가치를 증대시키는 것이다.

가격 결정이 수익을 높이는 가장 주된 강력한 동인인데도 많은 기업은 아직도 가격 결정에 대한 이해가 단지 가능성의 단계에 머물러 있는 수준이다. 이런 상황은 완전한 수익 창출을 저해한다. 부적절한 가격 결정 모델은 최악의 경우 고객 이탈과 함께 수익성 하락을 초래하기도 한다.

우리는 "항상 그렇듯이 기초 비용에 우리가 가져갈 수익을 덧붙여" 가격을 책정한다고 말한다. 예로부터 사업이 순전히 상업성만을 띨 때 으레 이렇게 하곤 했다. 당시에는 "내가 X라는 제품을 당신에게 주면 당신은 내게 Y달러를 주는 것"이 당연한 관례였다. 수요가 공급을 능가하고 고객의 요구가 단순하고 경쟁 상품들이 유사하며 기술이 확산하지 않았던 시기에는 이것이 지속 가능한 접근법이었을 것이다. 하지만 오늘날에는 더 이상 그렇지 않다. 변화가 필요한 때가 온 것이다.

가격 결정의 중요성을 깨달은 기업들도 생겨났지만, 수익화를 최적화할 체계적인 접근법이 부재하거나 수익성을 크게 높여줄 다양한 가격 결정 수단을 그저 간과하거나 놓치는 경우가 많다. 혹은 경영진이 이 핵심적인 주제에 충분한 관심을 기울이지 않는 경우도 있다. 혁신적인 수익화 전략과 더불어 고객이 인지하고 있는 가치가 무엇인지 완전히 이해하는 것을 최우선 순위에 두는 기업이 가장 성공적인 기업이 되는 것이다.

그들이 확신을 얻게 된 가장 중요한 사항 중 하나는 가격이 주된 수익 동인이라는 사실이다. 고정비와 변동비가 각각 미화 3천만 달러와 6천만 달러에 이르는 기업을 예로 보자면, 100달러짜리 제품 100만 개를 판매했을 때 매출에서 1천만 달러의 수익이 남는다는 것을 알 수 있다. 여기서 모든 수익 동인에서 1%씩 수익을 증대시킨다면 수익이 가격에 생산량을 곱한 것과 동일한 등식, 혹은 수익이 고정비와 변동비를 합친 비용보다 적은 등식에서 다음의 결과를 얻을 수 있다. 다른 세 개의 수익 동인들, 즉 고정비에서 3%, 생산량에서 4%, 변동비에서 6%의 수익률 증가는 막대한 영향을 미치는 요인이 된다. 그 결과 수익은 10%까지 증가한다. (표 1.1 참조)

평균 이상의 수익을 내는 기업들은 오래전부터 이와 같은 작동 원리를 파악하고 있었다. 그들은 가격 결정이 가장 강력한 수단일 뿐만 아니라 가장 빠르게 작동한다는 사실을 알고 있던 것이다. 비용 면에서 단 1%를 조정하려면 큰 투자가 필요하고 오랜 시간이 걸리는 반면(그 예로 생산 공장을 생산 비용이 낮은 국가로 옮기는 것 등), 가격을 1% 조정하는 것은 즉각적으로 이루어질 수 있고 비용도 전혀 들지 않는다. (그 예로, 소매점 선반에 놓여 있는 제품들의 디지털 가격표는 단 몇 초 만에 아무런 비용 없이 교체된다.)

표 1.1 전체 수익 동인에서 1%가 미치는 영향력

	기존 조건	1% 조정	발생 수익	수익 증가율
고정비	$30,000,000	$29,700,000	10,300,000	3%
생산량	1,000,000	1,010,000	10,400,000	4%
변동비	$60,000,000	$59.4	10,600,000	6%
가격	100	101	11,000,000	10%

출처: 《가격 경영(Price Management)》(2013) 다닐로 자타 등 저, 프랑코안젤리 출판사, 15페이지

기업들은 가격 결정의 영향력을 깨닫고 나면 수익화 기술을 향상하기 위해 어떤 수단을 활용할지 고민하게 된다. 그 질문에 대한 답은 도표 1.1 가격 결정 체계에 나타나 있는 것처럼 오로지 한 가지 가격 결정 수단만 존재하는 것이 아니라 활용 가능한 다양한 수단이 존재한다는 것이다. 그것을 네 가지 범주로 분류해서 살펴보겠다.

첫 번째 범주는 가격 전략과 관련된 것으로, 수익 모델, 포지셔닝, 차별화와 같은 여러 요소를 포함하고 있다. 더욱이 수익화 우선시와 관련해 기업이 설정한 방향이 이 첫 번째 범주의 주요 내용이라 할 수 있다. 여기서 자문해봐야 하는 문제는 기업이 수익 증대를 달성하기 위해 시장 점유율을 희생할 준비가 되어 있는지, 혹은 그러기를 주저하는지의 여부다. 자동차 산업에서는 몇 년 전까지만 해도 이 질문에 대한 대답이 확실한 '노(No)'였다. 판매량과 시장 점유율이 수익률을 좌우하는 가장 중요한 요소였기 때문이다. 하지만 현재에는 이에 대한 시각이 크게 바뀌고 있다.

도표 1.1 가격 결정 체계: 가격 전략부터 가격 조정까지

출처: 호바스 제공 자료

두 번째 범주는 가격 설정에 관한 것이다. 가격 논리, 포트폴리오 가격 결정, 제품 및 서비스 가격 결정이 여기서 핵심 요소들이다. 가격 논리를 예로 살펴보자면, 원가 가산 방식의 가격 결정에서부터 경쟁력을 높이는 가격 결정과 가성비를 고려한 가격 결정에 이르기까지 몇 가지 가능한 접근법을 발견하게 된다. 이는 뒤에 있는 도표 1.4에서 보는 바와 같이 기업의 가격 결정 성숙도에 맞추어 활용될 수 있다.

일단 가격 전략이 확정되어 가격이 결정되면 판매 과정에서 가격은 최초 공시가에서 최종 거래가로 바뀌게 된다. 이것이 세 번째 범주인 '가격 시행'의 핵심적인 내용이다. 이를테면 기업이 판매자와 유통 협력 업체에 제시하는 조건하에서 가격이 협상되고 책정되는 것이다. 직접 판매를 하거나 정가표에 따라 판매하지 않고 고객 맞춤 상품 또는 서비스로 프로젝트 사업을 진행하는 기업들도 있다. 이 모든 경우가 세 번째 범주에서 고려되는 부분이다.

그렇게 해서 기업들은 꾸준한 추적 관찰을 통해 연말에 목표 수익

022 가격 결정의 기술

률을 달성하도록 노력을 해야 하는 입장이다. 목표 달성을 위해서는 가격 통제와 가격 분석, 그리고 가격 보고 활동이 포함되는 마지막 범주인 '가격 조정'이 필요하다.

기업에 있어 가격 결정력이 필요불가결한 요소로서 제대로 조직 내에 자리 잡도록 지원하려면 이를 위한 조력 인자들이 필요하다. 명확하게 구조화되어 있는 가격 결정 체계, 확립되어 있는 가격 결정 절차(이를테면 연간 가격 증감 보고와 관련된), 가격을 결정해주는 IT 시스템, 가격 결정 기술은 모두 가격 결정을 위한 조력 인자들이다.

기업이 얼마나 많은 다양한 가격 결정 수단을 작동시킬 수 있는지 궁금하다면 표 1.2에서 보여주는 사례에 나타나 있는 요소들을 살펴보면 된다. 도표는 가격 결정이 수익에 미치는 영향력을 보여주고 있다. 이 요소들은 산업별로 달라질 수 있으며, 각각의 요소가 수익에 미치는 영향력에도 차이가 있을 수 있다. 그러나 모든 업계에 동일하게 해당되는 핵심적인 가르침은 '수익성을 높이는 데에는 단 한 가지 요소만이 작동하는 것이 아니라는' 가르침이다. 여러 가지 가격 결정 수단들이 최적화되어야 하며 각각의 영향력이 한데 모여 커다란 수익성 향상을 가져오는 것이다.

가격 결정 모델 혁명의 트리거

지난 몇 년 동안 우리는 기업의 수익화 접근법이 바뀌고 있음을 관측할 수 있었다. 가장 수익성이 높은 기업들은 고객의 시각에서 고객이 어디에 가치를 두는지를 평가하고 그에 따라 수익화 전략을 바꾸어나가며 지속해서 경쟁 우위를 확보하고 있다. 2020~2022년 사이의 팬데믹 동안 업계 변화와 디지털화가 더욱 가속화되면서 가격 결정 모델과 새로운 수익 모델들이 등장했다. 과거에는 뛰어넘기 불가능하다고 여겨졌던 장벽들이 허물어지기 시작한 것이다.

기업이 고객에게 제공하는 가치를 수익화하는 방식에서 일어나고 있는 혁신적인 변화의 근간에는 네 가지 요소가 존재한다. 이것이 바로 가격 결정 모델 혁명을 가속화하는 트리거이다.(표 1.3) 이 요소들은 기업이 시장에서 가치를 창출해내는 방식을 변화시키고 있으며 앞으로도 계속해서 변화시킬 것이다.

표 1.2 가격 결정 체계: 주요 요소들과 수익에 미친 영향/출처: 훈비스

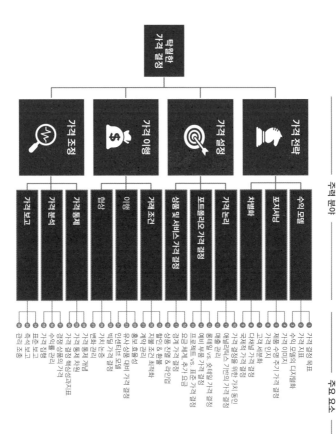

표 1.3 가격 결정 모델 혁명의 네 가지 트리거

첫 번째 트리거는 최근 몇 년 사이에 일어난 기술 혁신이다. 디지털화, 클라우드 컴퓨팅, 사물 인터넷, 자율 시스템, 로보틱 프로세스 자동화 기술, 증강 현실과 같은 기술 혁신은 가격 결정을 새로운 경지로 끌어올릴 기반을 마련해 주었다. 새로운 클라우드 애플리케이션이나 디지털 가격 결정은 종종 데이터 중심의 가격 경영을 실현하는 데 전제 조건이 되기도 한다.

두 번째 트리거는 데이터 과학의 발전이다. 가격을 설정하는 데 있어 완전히 새로운 가능성을 만들어내는 양질의 새로운 데이터를 활용할 수 있게 된 것이다. 엄청난 양의 빅데이터를 생각해 보라. 인공지능 덕분에 이 빅데이터를 활용해 개별 제품에 대해 적정 할인율을 적용해 실시간으로 유연하게 제공할 수 있게 된 것이다. 오늘날 데이터 과학이 가격 결정 분야의 지식 차원에서 할 수 있는 일들은 몇 년 전만 해도 공상과학 소설에나 나옴 직한 이야기로 여겨졌다.

하지만 오늘날에는 세 번째 트리거인 새로운 생태계 내에서도 일어

나고 있는 일이다. 새로운 생태계에서는 상품을 소유하지 않고도 공유하거나 반복적인 사용이 가능하다. 이런 유형의 생태계에서는 과거 상품 판매 위주의 가격 결정의 시대에는 존재하지 않았던 새로운 가격 결정 모델이 요구된다.

마지막으로 네 번째 트리거는 미래의 마케팅, 혹은 마케팅 5.0이다. 서비스 부문에서 수익 경영 시스템의 등장으로 소극적으로 시작된 초개인화는 기술 혁신에 데이터 과학의 발전이 더해지면서 새로운 차원에 이르게 되었다. 이는 행동 과학에서 받은 영감과 민첩한 마케팅 덕분이기도 했다. 지금까지 언급한 네 가지 트리거가 가격 결정 모델 혁명의 바탕을 이루고 있다.

가격 결정 모델 혁명

상품의 소유를 기본으로 하는 거래 모델은 과거의 것이다. 많은 경우 열등한 가격 결정 모델이라 볼 수 있다. 그보다는 상품 사용이나 상품에 의해 생산된 결과를 수익화하는 것에 초점을 맞춘 더 혁신적인 새로운 가격 결정 모델이 분명 더 우월한 모델임이 입증되고 있다. 혁신적인 가격 결정 모델의 등장으로 인해 위기에 놓여 있던 기업들은 새로운 수익화 전략을 개발할 수 있게 되었고, 이는 상품 구입에 대한 저항을 제거하고 고객이 기꺼이 비용을 지불하노록 만들었다. 그렇다면 가장 중요하다 할 수 있는 수익 동인을 관리하는 방식은 어떻게 바뀌고 있는 걸까?

표 1.4에서 우리는 가격 결정 방식이 진화해 온 과정을 확인할 수 있

다. 기본적인 가격 결정 방식을 채택하는 기업들은 가장 수익률이 낮다. 이 경우 우리는 일관적인 가격 결정 논리가 부재하다는 사실을 발견할 수 있다. 그 결과 오랜 기간 똑같은 가격이 유지되는 것이다. 원가 가산 방식으로 가격을 결정하는 경우, 가격 설정은 순전히 조직의 내부적인 논리와 계산에 따라 이루어진다. 목표 수익이 원가에 가산되는 것이며, 이것이 소비자 권장 가격이 되는 것이다. 비용 구조가 고정적이라면 계산하기는 쉽지만, 이 역시 경쟁사와 고객을 간과하는 내부 시각의 제약을 받고 있다. 경쟁력을 고려한 가격 결정이 더 발전된 모델처럼 보이기는 하지만 그것은 고객이 '인지하고 있는' 가치를 반영하고 있지 못하다. 반면 가치 가격 결정 모델에서는 이 모든 것이 고려되고 있다. 가치 가격 결정은 지금까지 설명한 모든 접근법 중 가장 완성도가 높고 발전 전망이 좋은 접근법이다.

도표 1.4 기본 가격 결정에서 가격 결정 모델 혁명에 이르기까지 가격 결정의 진화

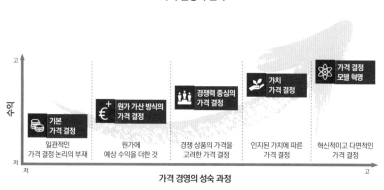

출처: 호바스

기업들은 성숙한 단계에 도달하게 되면 가격 결정 성숙도를 기반으로 매출 수익률을 평균적으로 2%에서 8% 사이로 늘려나간다. 일반적으로 보았을 때 상당한 수준의 수익률 증가다. 가격 결정 모델의 혁명으로 가격 결정의 올림포스에 도달하게 된 것이다. 이는 혁신적인 방식으로 확고한 경쟁 우위를 마련해 주는 수익화 접근법 덕분에 가치 기반의 가격 결정 방식이 발전하고 정교화되면서 진화했음을 보여준다.

이 책에서 우리는 혁신적인 수익화 접근법을 보여주는 다음의 10가지 가격 결정 방식에 대해 자세히 살펴볼 것이다. 이는 많은 경우 기업이 경쟁 우위를 확보하는 데 가장 핵심적인 기둥 역할을 한다.

1. 이용도에 따른 가격 결정

2. 회원 가입제(구독제) 가격 결정

3. 결과 기반의 가격 결정

4. 심리적 가격 결정

5. 역학적 가격 결정

6. 인공지능 기반의 가격 결정

7. 프리미엄 가격 결정

8. 동조 가격 결정

9. 참여적 가격 결정

10. 신경과학적 가격 결정

이 새로운 수익화 접근 방식들은 특정 업계나 지역에 국한된 것이 아니다. 이들은 점차 거래 관행을 바꾸어나가며 산업 전반으로 확산하여 지속해서 발전할 것이다. 이로 인해 과거와는 달리 고객의 요구, 제품 사용, 가격 지불 의사 면에서 투명성이 제고될 것이다. 상품은 서비스로 전환되고 있다. 그리고 그 서비스의 가치는 측정 가능한 결과 단위로 환산된다. 가격 결정 모델 혁명은 다음과 같은 전략적 메시지를 확고히 전달하고 있다.

"새로운 가격 결정 방식은 당신에게 경쟁 우위를 선사할 새롭고 확실한 수단이다."

요약

- 모든 수익 동인들(생산량, 가격, 비용) 중 가격은 가장 강력한 동인일 뿐만 아니라 다른 동인들보다 더 빠르고 효율적으로 현실화시킬 수 있는 동인이기도 하다. 기업은 가격 결정을 통해 수익성을 증대하기 위해 다양한 수단을 활용할 수 있다. 가격 결정 체계에서는 주요 수단들을 가격 전략, 가격 설정, 가격 시행, 가격 조정의 네 개의 범주로 분류하고 있다. 아울러 가격 결정 조력 인자가 가격 결정 전략이 조직 내에 훌륭히 자리 잡을 수 있도록 돕는다.

- 가격 결정 수단은 단 한 가지만 존재하는 것이 아니라 아주 다양하다. 그 효과가 모이면 일반적으로 상당한 수익률 증가를 불러올 수 있다. 평균적으로 2~8%의 매출 수익률 증가를 기대할 수 있다.

- 가장 수익률이 높은 기업들은 가격 결정 모델 혁명을 통해 지속 가능한 경쟁 우위를 확보하는 수익화 전략 혁신에 나선 기업들이다.

- 가격 결정 모델 혁명을 가속화하는 네 가지 트리거는 기술 혁신, 데이터 과학 발전, 새로운 생태계, 미래의 마케팅이다.

- 혁신적인 수익화 전략을 담고 있는 다음의 10가지 가격 결정 방식은 많은 경우 기업이 경쟁 우위를 점하는 데 핵심적인 역할을 한다. 이 용도에 따른 가격 결정, 회원 가입제(구독제) 가격 결정, 결과 기반의 가격 결정, 심리적 가격 결정, 역학적 가격 결정, 인공지능 기반의 가격 결정, 프리미엄 가격 결정, 동조 가격 결정, 참여적 가격 결정, 신경과학적 가격 결정이 그것이다.

THE
PRICING MODEL
REVOLUTION

2부

수익화를 위한 새로운 접근법

2장

이용도에 따른 가격 결정

"... 진실을 깨달으려 노력하세요... 그러면 구부러지는 것이
숟가락이 아니라 당신임을 발견하게 될 거예요."

– 영화 〈매트릭스〉 중에서

사례

한낮의 거리 장면.

한 군인이 빨래방 앞 창가에 기대어 서 있다. 젊은 남자가 빨래방 안으로 들어서며 선글라스를 벗는다. 한 아이가 커다란 세탁기 뒤에서 빼꼼히 머리를 내밀고 쳐다보자 남자는 티셔츠와 청바지를 벗고 팬티만 남겨 놓은 채 나체 차림이 된다. 빨래방 안의 여자들은 이 광경을 웃으며 곁눈질로 감상하고 있다. 남자는 근엄한 자세로 앉아 있는 한 중년 남자 옆에 앉아 신문을 보기 시작하고 이 모습을 본 한 할머니는 놀라서 입을 다물지 못한다. 이것은 지루한 일상을 뒤엎는 젊음의 쾌거를 보여주는 장면이다.

이 장면은 크리던스 클리어워터 리바이벌Creedence Clearwater Revival(미국의 록밴드)의 〈Heard it Through the Grapevine(풍문으로 들었소)〉이 배경음악으로 흐르는 1980년대 방영되었던 리바이스의 광고다. 이 광고는 닉 케이먼Nick Kamen이 젊은 시절 출연했던 광고로, 그는 비록 세상을 떠났지만, 마돈나를 비롯해 전 세계인들에게 깊은 인상을 남겼다. 마돈나는 그의 첫 번째 앨범 제작에 참여하기도 했었다.

기업의 홍보 수단은 그것이 창조해내는 분위기에 힘입어 효과를 나타낸다. 마찬가지 방식으로 구성 요소들의 순서를 바꾸어보는 것만으로도 그 짧은 스토리(30초 남짓한 길이의 광고)가 가격 결정 역학에 어떻게 작동하는지 알아보기에 충분하다. 특히나 이미 존재하는 규칙을 완전히 뒤엎는 변화를 추구하는 것이 아주 중요하다. 이를테면 빨래방에서 세탁기를 돌리는 행위와 같은 너무도 쉬운 어떤 일을 색다른 맥락 속으로 끌어들여 '보여줌으로써' 사람들의 주의를 끌 수 있다. 그 젊은 남자와 한 아이와 섹시한 여자들, 혹은 의자에 앉아 있는 중년 남성의 의미를 해석함으로써 규칙을 벗어난 변화를 받아들일 것인가에 관한 결정은 순전히 우리의 몫이다.

이제 고가의 가전제품을 생산하는 한 기업의 CEO가 되었다고 상상해 보자. 이 기업은 고가의 프리미엄 상품을 판매하는 틈새시장을 이끄는 글로벌 리더다. 고가의 상품을 구매할 수 있는 체인 호텔 및 레스토랑과 같은 기업들을 주 고객으로 거래하고 있다. 시작 단계에서 상품의 전략적 포지셔닝을 고려했을 때 그들의 사업은 새로운 시장도 발굴하면서 크게 성장하는 것처럼 보인다. 소규모 술집과 레스토랑이 매출을 높일 수 있는 새 고객으로 떠오른 것이다. 하지만 프리미엄 시장은 이미 '포화 상태'다. 높은 가격을 요구할 수 있는 산업 분야는 더 이상 없다.

이용도에 따른 가격 결정의 시각에서 보자면 이는 개념상의 한계라 할 수 있다. 영화 〈매트릭스〉에서는 한 소년이 주인공 네오에게 이렇게 말하는 장면이 나온다. "숟가락을 구부리려 애쓰지 마세요. 그건 불가능해요. 그냥 진실을 깨닫기 위해 노력하세요. 숟가락은 존재하지 않는 거예요. 진실을 깨닫게 되면 구부러지는 게 숟가락이 아니라 당신임을 발견하게 되죠." 이용도에 따른 가격 결정도 이와 비슷한 방식의 접근이 필요하다. 시장을 움직이는 것은 불가능하다. 그보다는 시장 접근을 위한 정책을 움직이는 편이 낫다. 그렇게 되면 단순한 사실을 깨닫게 될 것이다. 그것은 바로 현재의 가격 결정 모델이 성장에 장애가 된다는 사실이다. 이런 이유로 우리는 상품의 소유권에 기반을 두고 있는 전통적인 가격 결정의 논리에서 벗어나 새로운 고객을 발굴할 수 있는 혁신적인 방법을 찾아 나서야 한다.

그 사례로, 독일의 상업용 고급 식기 세척기 분야의 선두 기업인 윈터홀터Winterhalter는 이용 횟수/시간제 요금을 출시했다. 윈터홀터의 CEO 랠프 윈터홀터Ralph Winterhalter는 새로운 가격 결정 방식을 도입했다. "소비자는 식기 세척기를 사용할 때만 비용을 내면 됩니다." 이는 노천 주점이나 휴양지 리조트, 해변에 있는 술집처럼 1년 내내 식기 세척기를 사용하지 않는 계절 업종에 특히 유리한 조건이다. 랠프 윈터홀터는 자기 자신과 모든 잠재 고객들에게 다음의 질문을 던진다. "연중 절반 동안은 사용하지도 않을 식기 세척기를 소유하는 데 굳이 비용을 들여야 할 이유가 있을까요?"

그래서 윈터홀터는 최신 디지털 기술을 활용해 상업용 식기 세척기 사업을 새로운 출장 음식 서비스 사업으로 탈바꿈시키는 '차세대 솔루션' 프로젝트에 착수했다. 출장 음식 서비스 분야에서는 보통 그런 제품을 구비하기가 어려웠다. 따라서 특권층만이 누릴 수 있는 고급스러움으로 어필함으로써 이중 효과도 누리게 된다. 고객이 적은 비용을 지불한 것에서 만족감을 느낄 뿐만 아니라 서비스 이용 또한 객관적으로 더 효율적이고 지속 가능한 과정이 된다. 한편 심리적 관점에서는 '세계 최고 수준'으로 업그레이드된 서비스를 받고 있다는 메시지를 전달하는 것이다.

윈터홀터의 새로운 가격 결정 모델은 고객의 예산과 상관없이 프리미엄 식기 세척기를 제공하는 것을 목표로 삼았다. 그 모델은 초기 투자가 필요 없으며 이용 시 제로 리스크를 보장한다는 이점이 있다.

- 사용 횟수 기반의 가격은 식기 세척기 운행 횟수로 계산된다.

- 설거지 세제 및 부속 제품들은 모두 포함되어 있다.

- 보수 관리와 같은 사후 서비스도 제공된다.

더욱이 윈터홀터와의 계약은 의무 계약 기간 없이 언제든 해지가 가능하여 최대한의 유연성을 제공하고 있다.

윈터홀터의 사례는 이용 횟수/시간당 가격이 무엇인지 잘 보여주고 있다. 고객은 상품의 소유권을 구매해야 한다는 부담감 없이, 그리고 이 소중한 자산이 사용되지 않는 기간에 대해서는 비용을 지불할 필요 없이 필요한 상품을 필요할 때 이용할 수 있다. 그뿐만 아니라 상품을 사용하는 환경에 따른 선호도와 경제적 여건, 환경적 조건, 그리고 그 밖의 고려 사항들과 같이 예측 불가능한 미래의 상황에 맞게 사용 모드를 자유롭게 조절할 수 있다.

고객은 해당 자산에 대한 소유권에 연연하지 않고 제품의 (설치나 관리, 업데이트보다도) 효율적인 사용에 더 많은 시간과 자원을 투자할 수 있다. 그에 더해 요즘에는 대부분 유통 채널이 디지털화되어 점점 빨라지고 있으므로 제품 사용을 바로 시작할 수 있다.

상황 분석

'이용 정도에 따라 가격 책정하기'가 이용 횟수/시간에 따른 가격 결정의 핵심이다. 이 접근 방식의 강점은 구매 장벽을 깨고 시장 잠재력을 확장할 수 있다는 데 있으며, 기존의 모델을 혁신함으로써 기업들을 새로운 모델에 적응시켜 사업을 진행해 나갈 수 있게 해준다.

이용 횟수/시간당 가격 결정 방식이 일단 확립되고 나면 고객들이 상품이나 서비스를 이용하는 방식에 대한 확실한 전망이 보일 것이다. 즉, 기업이 더 넓은 고객층에 맞춰 제공 서비스를 향상시키고 성장을 위한 발판을 마련하면서 더 많은 가치를 제공하는 방법을 깊이 이해하게 될 것이다. 그리하여 더 정확한 예측과 가치 창출, 그리고 일부의 경우 고객의 요구에 발맞춰 제품 개발을 수정하는 작업이 가능해진다.

이용도에 기반한 가격 결정 개념은 새로운 개념이 아니며 다양한 분야의 많은 기업이 이미 그 방식을 채택하고 있다.(표 2.1 참조) 그렇다 할지라도 얼마 전까지만 해도 이용 횟수/시간당 가격을 도입하기 위해 세부적인 이용 증가량을 측정하는 데 필요한 센서(감지기) 기술의 비용은 과도하게 비쌌다. 그러나 이제 디지털화와 빅데이터, 인공지능의 활용이 증가하면서 수요자가 원하는 물품이나 서비스를 바로 공급할 수 있는 '온디맨드' 방식으로 고객을 확보하는 것이 가능해졌다.

이와 같은 방식은 기술 발전(고속 인터넷), 마이크로칩 가격 하락, 클라우드 컴퓨팅의 확산으로 말미암아 경제적으로 지속 가능해졌을 뿐만 아니라 B2C와 B2B 거래 모두에서 추적 및 청구를 할 수 있게 되었다.

표 2.1 전체 수익 동인에서 1%가 미치는 영향력

기업명	제품	제공	가격 결정 모델
윈터홀터	가전제품	차세대 솔루션	식기 세척 횟수 당 가격 책정
롤스로이스	항공 엔진	토탈 케어	비행 시간 당 가격 책정
아트라스 콥코	압축 공기	공기 처리 솔루션	m3 당 가격 책정
지프카	이동성	자동차 공유	시간 당 가격 책정
아마존 웹서비스	IT 서비스	클라우드 컴퓨팅	GB(기가바이트) 당 가격 책정
미쉐린	타이어	미쉐린 타이어 관리서비스	마일(주행 거리) 당 가격 책정
사모아 에어	항공 운송	토탈 서비스	킬로미터 당 가격 책정

이런 가격 모델은 시장 확대를 촉발한다. 전통적인 가격 결정 모델로는 상품을 구입할 의사나 기회가 없었을 고객들을 새로운 고객으로 끌어들여 상품을 이용할 수 있도록 만든 것이다. 이러한 현상은 전통적인 소유권 개념에 비해 위험도가 낮으면서도 유연하고 조정 가능한 옵션을 가지고자 하는 더 많은 요구를 창출한다. 과거보다 상품의 수명이 짧아진 현실도 이에 한몫했을 것이다.

가격 결정과 상품의 사용은 산업의 구조와 기업의 시장 접근 전략을 극적으로 변화시킬 수 있다. 기존 고객과 잠재 고객 모두가 자신이 언제 어디서 어떻게 그 제품을 사용하는지 한 번 더 숙고하게 될 것이다. 큰 초기 투자 비용이 없이 소액의 추가 비용만으로 필요할 때 상품을 사용할 수 있게 된다면 더 많은 잠재 소비자가 생겨날 것이다.

점점 더 많은 수의 전 세계 기업이 시장의 잠재적 요구를 일깨우기 위해 이용도에 따른 가격 결정 방식을 채택하고 있다. 식기 세척 횟수당 가격, 승차 횟수당 가격, 제곱미터당 청소 가격, 운동 횟수당 가격, 처리 용량당 가격, 마일당 가격 등은 온디맨드 가격 결정의 초기 단계에서 시행되고 있는 사례들이다.

그렇다면 이런 형태의 가격제가 어떻게 동기를 유발하는지 좀 더 자세히 살펴보자.

㎡당 청소 가격 지불 방식

시설 관리 기업들, 더 구체적으로 말하자면 청소업체들은 전통적으로 정찰제로 운영된다. 예를 들면, 그들은 구조물이나 건물당 고정된 가격을 받고 청소 서비스를 제공한다. 정해진 주기에 따라 정기적으로 모든 공간을 청소해 주는 것이다. 계약 내용은 그렇게 간단히 정의될 뿐이다.

그러나 이 분야 또한 새로운 가격 결정 모델의 등장을 경험했다. 이를테면 청소할 공간을 ㎡ 단위로 가격을 매기는 가격 제도가 출현한 것이다. 그에 따라 시설 관리 기업들은 수익 모델을 바꾸고 있다. 신기술이 시설 관리 과정의 효율성을 끌어올리며 혁신을 몰고 오는 것이다. 사용하지도 않은 사무실을 반드시 청소해야만 할까? 관리 기업들은 어떤 사무실이 사용되었고 어떤 사무실이 사용되지 않았는지를 감지기를 이용해 알 수 있다. 필요한 모든 청소 도구와 세제는 청소가 필요한 공간의 ㎡당 가격에 포함되어 있다. 그렇게 해서 시설 관리 직원들의 일을 덜어주기도 한다. 이런 방식으로 사용한 사무실만을 청소하며 비용은 청소된 공간의 ㎡당 가격으로 계산된다. 이렇게 해서 청소 작업을 더 신속하게 최적화해서 진행할 수 있다.

독일의 한 가족 경영 기업인 카처Kärcher는 60개국에 100개의 자회사를 둔 세계적인 청소 기술 선두 기업으로 자리매김하고 있으며 혁신적인 가격 결정 모델 또한 선보이고 있다. 그들은 이러한 경향을 '온디맨드 방식의 청소'라고 부른다.

운동 횟수/시간당 가격 지불 방식

우리는 피트니스 센터에 등록할 때마다 한결같이 낙관적인 생각을 하곤 한다. "이번에는 매일 운동을 할 거야" 늘 그렇듯 이렇게 자신을 과대평가한다. 그리고 운동을 시작하기 전에 으레 우리가 좋아하는 하얀 바지와 선수용 티셔츠, 부상을 막기 위한 보호대 등을 포함해 마치 올림픽 출전 선수라도 되는 양 비싼 돈을 들여 운동복 세트를 사들인다. 그때 깜빡하고 있던 회의나 저녁 식사 약속이 떠오르면, "그래 오늘 하루만 빠지는 거야."라고 생각한다. 그다음에는 술 약속이 떠오른다. "오, 이런!" 그렇게 해서 만회할 기회도 놓치게 되는 것이다.

운동을 빠뜨렸다고 해서 피트니스 센터 이용 기간을 늘려주는 일은 없으며 뱃살을 줄이고 완벽한 복근을 만들고자 했던 당신의 좋은 의도와는 영영 이별하는 셈이다. 그래서 당신이 찾는 것은 '운동한 만큼 가격을 지불하는 방식'이거나 '공간을 이용한 만큼 가격을 지불하는 방식'이다. 이용 시간에 기반을 둔 이런 형태의 지불 방식은 당신이 실제로 피트니스 센터를 이용한 시간만큼만 가격을 지불할 수 있게 해준다. 기술 발전이 이러한 가격 결정 모델을 가능하게 만든 것이다. 그렇다면 이 모델의 작동 방식을 자세히 들여다보자.

두 전자 기기(예를 들면, 스마트폰과 피트니스 센터 운동 장비)에 대한 통신 프로토콜의 조합으로 실현되는 근거리 무선 통신을 통해 회원들은 운동할 때 사용하는 기구에 직접 체크인할 수 있다. 그러면 운동하는 사람에게는 그들이 기구를 이용하는 시간만큼만 비용이 청구된다. 회원 가입비는 없으며 이 운영 프로그램에 등록한 이들은 그들이 원할 때 언제든 시작하거나 중단할 수 있다. 요즘에는 피트니스 센터에 등록하는 이들이 이를테면 자신의 훈련 스케줄을 관리할 수 있도록 점점 더 많은 수의 운동 기구에 일종의 근거리 커뮤니케이션 장치가 내장되어 있다. 곧 이런 형태의 가격 결정 방식을 도입할 시기가 도래했다는 뜻이다.

이와 같은 가격 결정 방식은 한편으로는 운동하러 거의 가지 않는 이들에게 하나의 선택지를 제공해 돈을 낭비하지 않도록 도와주기도 하지만 다른 한편으로는 비교적 높은 가격의 이용료에 덜 민감한 느긋한 고객들을 피트니스 센터가 끌어들일 수 있게 해주기도 한다. 피트니스 센터가 할증 요금을 부과함으로써 특정 운동 기구에 대한 수요를 조절해 지속적인 사용이 가능하게 만들 수 있는 것이다. 기다릴 시간이 없는 이용자들은 그 특정 기구를 이용하기 위해 할증 요금을 지불하고 즉각적인 이용을 요구할 수 있다.

이러한 가격 결정 모델은 피트니스 센터 운영자들이 수요 관리를 하는 데 새로운 지평을 열어준다. 그들은 주중에 피크타임이 아닌 시간대에는 이용료를 낮추어 전 시간대에 걸쳐 이용자의 수를 균일하게 맞추고 과도하게 붐비는 상황을 막을 수 있다. 더욱이 피트니스 센터는 어떤 운동 기구가 가장 인기가 많고 그 기구가 어느 정도로 이

용되는지에 대해 즉각적인 정보를 얻을 수도 있다. 이렇게 해서 그들
은 운동 기구를 관리할 때 가장 인기 있는 기구를 더 구입하고 품질
관리에 신경 쓰며 심지어 운동량을 기준으로 한 타깃 마케팅 캠페인
을 벌이기도 한다.

어떤 피트니스 센터는 이것이 제 살 깎기가 될까 우려하기도 한
다. 피트니스 센터 회원들이 편한 시간에 운동하고 이용 시간당 비용
을 지불하는 방식을 선호하여 월 회원권에는 관심을 두지 않게 되면
수익원을 잃게 되기 때문이다. 그러나 수많은 피트니스 센터가 서로
경쟁하는 대도시에서는 월 회원제 이외의 대체 선택지 제공이 강력
한 차별화 전략이 될 수 있다.

정교화 기술에 대한 가격 지불 방식

상품 및 서비스의 가격을 이용 횟수나 시간에 따라 책정함으로써 유
연한 운영, 혹은 매출 성장 덕분으로 일부 고객들의 요구를 만족시킬
수 있었다. 하지만 이 경우 시장의 성쇠나 예측하지 못한 다른 요인
들에 맞춰 기업의 정책을 수정할 필요가 생기기도 한다. (코로나19 팬
데믹 기간에 피트니스 센터와 수영장들이 1년 이상 영업을 중단해야 했던 것을
생각해 보라.)

적어도 (2007년 미국의 서브프라임 모기지 사태에서 시작된) 금융 위기
이후에는 경제 상황이 아주 가변적이기 때문에 고객이 그들의 요구를
충족시키는 데 필요한 기반 시설에 비용을 지불해야 하는 경우 불확
실성의 부정적인 영향을 배제하는 것이 불가능할 것이다. 유럽 우주
국European Space Agency의 가이아 프로그램Gaia Programme이 그 좋은 예이

다. 이 계획은 은하계에서 가장 크고 정확한 3D 지도를 만들겠다는 야심 찬 목표를 가지고 탄생했다.

이 칭찬할 만한 사업의 전제 조건은 10억 개가 넘는 항성들을 위성 관측하는 것이었다. 이런 데이터 정교화 작업을 하기에 충분한 내부 역량을 갖추는 데 필요한 투자 금액은 180만 달러가 넘을 것으로 추산되었다. 그런데도 유럽 우주국에서는 6개월마다 2주 동안 이 작업을 진행할 수 있는 내부 역량을 필요로 했다.

이에 유럽 우주국은 이 방대한 양의 데이터를 구축하기 위해 아마존 웹 서비스Amazon Web Services에 비용을 지불하고 6년에 걸쳐 10억 개의 항성 관측을 의뢰하기로 했다. 그 결과 총 할당 예산의 절반도 안 되는 비용을 들여 진행할 수 있게 되었다. 공공 기반 시설에 필수적이라는 이유로 구매가 계획된 상품들이 이용도에 따른 가격 결정 방식을 통해 서비스로 '재정의'되는 것이다.

AWS로 알려진 아마존 웹 서비스의 경우도 마찬가지다. 아마존 웹 서비스는 개인과 기업, 공공기관에 클라우드 컴퓨팅과 온디맨드 서비스를 제공하고 있으며, 전송되는 데이터의 양을 기준으로 기가바이트당 비용을 청구하고 있다.

주행 거리당 가격 지불 방식

이용도에 따른 가격 결정 방식은 상품을 가끔 한 번씩 이용하거나 예측 불가하게 수시로 이용하는 고객들에게 혜택을 준다.

보험 회사들도 이 사실을 인정하고 있다. 기술 발전 덕분에 이동 거리 추적이 가능한 소형 무선 장치를 개발하는 비용은 아주 저렴해졌다. 그 장치를 자동차의 진단 포트에 연결하기만 하면 몇 킬로미터를 주행했는지 추적이 가능해진다. 그래서 메트로마일MetroMile과 같은 기업들은 고객들에게 킬로미터 기준으로 자동차 보험을 제공한다. 가끔 차량을 이용하는 운전자들이 차량을 이용하는 시간 동안 보험 혜택을 온전히 누릴 수 있도록 하기 위해서다. 메트로마일에 따르면 이렇게 해서 평균적으로 47%의 보험료를 절약할 수 있다고 한다.

고객들이 초기 지출 없이 제품을 시험해보고 이용 결정을 내릴 수 있는 덕분에 일반적으로 온디맨드 방식의 모든 가격 결정 모델들이 점차 정보에 기반한 의사결정을 내릴 수 있도록 해준다는 사실에 주목할 필요가 있다.

주행 거리에 따른 비용 지불 방식의 또 다른 사례는 바로 유명 타이어 제조 기업인 미쉐린Michelin이다. 미쉐린은 경쟁 기업들과 비교해 25% 더 오래 사용할 수 있는 상업용 차량을 위한 혁신적인 타이어를 개발했다. 하지만 그렇다고 상품의 정가를 25% 높게 책정할 수 없음을 깨달았고, 영업부에서도 성능과 반드시 정비례하게 가격을 책정해야 한다는 생각은 금물이라고 당부했다.

그에 따라 미쉐린은 기업의 수익화 모델을 검토해 보기로 했다. 타이어의 성능과 가격을 왜 연결 짓지 말아야 하는가? 타이어 하나당 가격을 책정하는 모델에서 주행 거리 1km당 가격을 책정하는 모델로의 전환은 차량에 직접 연결된 GPS 기술로 인해 가능해진 것으로, 이용도에 따른 가격 결정 방식의 전형이라고 볼 수 있다. 이 가격 결정 방식에서는 혁신에 의한 모든 부가가치의 수익화가 가능하다. 이 경우 타이어가 오래 갈수록 미쉐린의 수익은 더 높아지는 것이다.

미쉐린은 시간이 흐를수록 더 앞서갔다. 현재 미쉐린은 모든 분야의 기업들에게 km당 가격 결정 모델을 적용해 완전한 솔루션을 제공하고 있다. 자동차의 주행 거리, 항공기의 착륙 횟수, 광산업의 수송량에 따라 가격이 결정되는 것이다. 그렇게 해서 미쉐린은 텔레매틱스(차량 원격 관리 서비스)와 차량 관제 시스템의 활용으로 단순한 타이어 제조 기업에서 '수송 서비스 공급자'로 거듭났고 고객 충성도 또한 끌어올릴 수 있게 되었다.

시간당 엔진 사용료 지불 방식

일부 기업들이 여전히 이용도에 따른 요금제 도입을 주저하는 이유는 가격 결정 방식을 바꾸는 데 비용이 많이 들 뿐만 아니라 상품의 상대 비용과 구매 주기, 기존 고객 및 잠재 고객도 고려해야 하기 때문이다.

1980년대 중반 롤스로이스는(제너럴일렉트릭도 그 뒤를 이었다) 항공기 리액션(반동) 엔진 시장에 '주행 시간에 따른 엔진 사용 요금제'를 출시했다. 이 요금제는 고객(항공사나 항공 운송 운영자)이 실제 주행 시간과 리액션 엔진의 사용에 대해 비용을 지불하는 것이다. 지금은 사용 시간에 따른 지불 방식을 '새로운' 방식이라 보기 어렵지만, 당시만 해도 상품 판매보다 사용 시간을 기준으로 비용을 부과한다는 점이 (커다란) 장점으로 작용했다.

시간당 엔진 사용 요금제는 사실 그렇게 큰 도전은 아니었다. 실제로 대다수의 선두 기업들은 다양한 분야에서 이와 같은 모델을 도입하는 데 성공했다. 그리고 이 가격 모델을 도입한 이유는 얼마 전까지만 해도 경기가 안 좋았던 시장에 고객이 몰리고 있기 때문이다.

시장에서의 모든 도전은 새로운 개혁이다. 이용도에 따른 요금제는 고객층이 크게 확대될 수 있는 시장에서는 혁명으로 비치는 경우가 많다. 항공업계는(준수해야 할 규정과 상당히 높은 진입 장벽으로 인해) 경쟁자가 더 많고 진입 장벽이 낮은 다른 업계처럼 그렇게 빠른 속도로 성장하지 않는다.

시간 단위를 기준으로 가격(이용 시간당 가격)을 책정하는 방식의 또 다른 예로는 미국의 자동차 공유 기업인 집카Zipcar가 있다. 총 자동차 이용 시간에 대해 가격을 지불하는 방식이다. 고객이 정해진 최소 가격 이상을 지불해야 하는 경우도 드물지 않다. 그런데도 이 가격은 고객이 차량을 구매하기 위해 지불해야 하는 금액보다 훨씬 낮다. 집카의 경우 고객들은 연간 최소 60달러를 지불하고 집카가 보유하고 있는 전체 차량에 접근할 수 있는 권한을 가지게 된다. 고객에게 주어지는 선택지가 충분하다고 느끼게 해주는 확실한 추가 효과도 기대할 수 있다. 한편 자동차 이용 가격으로는 시간당 최대 8달러를 지불한다.

압축 공기 ㎥당 가격 지불 방식

1873년에 설립된 가장 큰 기업이자 세계적으로도 선두 자리에 있는 기업 또한 경쟁 우위를 확고히 다지기 위해 새로운 가격 결정 방식을 도입하는 기회를 활용해 수익화 방식을 혁신할 수 있을 것이다. 압축기 제조 분야의 선두 주자인 스웨덴 기업 아트라스콥코Atlas Copco의 이야기다.

아트라스콥코는 새로운 에어플랜AIRPlan을 제시하며 고객들에게 이렇게 요청한다. "산업 장비를 아트라스콥코의 손에 맡겨보시는 것이 어떻겠어요?" 에어플랜을 통해 필요한 압축 공기를 얻고 비용은 그것을 소비한 만큼만 지불하면 되는 것이다. 아트라스콥코는 이 가격 결정 모델을 발표하면서 다음의 질문에 답했다.

압축기를 직접 소유하는 것과의 차이점이 무엇인가?

압축기를 구매하는 것은 귀사의 고정 자산에 커다란 영향을 미칠 것이다. 투자 비용뿐만 아니라 행정 비용과 자본비, 운송비, 설치비 등 여러 종류의 비용이 고려되어야만 한다. 하지만 에어플랜을 신청하면 어떤 종류의 자산도 구매할 필요가 없다. 압축기와 관련된 모든 비용은 운영비에 포함된다. 또한... 이외의 다른 투자를 위해 자본을 사용함으로써 새로운 사업 기회들을 불러올 수 있을 것이다.

그래서 소비량을 ㎥로 계산해 그에 따라 과금하는 방식이 도입된 것이다. 아트라스콥코가 가격 결정 모델을 변경하는 쪽으로 행로를 바꾸었을 당시만 해도 장비 생산 기업은 장비를 생산하는 데에만 집중하고 고객 접촉이나 유통업체 및 소매점 지원과 같은 후속 활동에는 관심을 쏟지 않아야 더 경쟁력이 높아진다는 말이 업계의 정설처럼 받아들여지고 있었다.

그런데도 아트라스콥코는 유통업체를 통해서 상품을 전달만 하기보다는 양질의 서비스를 제공하고 고객들과의 직접적인 상호작용에 집중하기로 했다. 그러기 위해서는 영업 직원 및 기술 지원 엔지니어들의 직접 네트워크를 구축해 글로벌 고객 센터의 역할을 할 수 있는 기반 시설을 통해 운영해야만 했다. 그래서 장기적으로 서서히 간접 채널을 직접 채널로 전환하는 작업이 필요했다. "저희 기업은 고객과의 관계를 긴밀히 형성하는 데 아주 신경을 많이 쓰고 있습니다." 아트라스콥코 그룹의 압축기 부문의 전 사장인 로니레텐Ronnie Leten은 한 인터뷰에서 기업의 이야기를 들려주며 이렇게 강조했다. "그래서 유통망 측면에서는 기본적으로 공급업체들과의 협업에 의존했지만, 후속 사업 모델에서는 고객 응대에 있어 어느 정도 수직적인 통합을 이루려고 노력하고 있습니다. 이처럼 고객들과 긴밀한 관계를 유지하는 것은 경쟁 기업들의 접근 방식과는 완전히 상반되는 것입니다. 경쟁 기업들은 통합적인 사업 모델을 추구하기보다는 유통 채널을 통해 운영되니까요."

일단 해당 부문의 기반 시설의 운영이 개시되자 서비스 사업은 고객의 요구가 동력이 되어 성장하기 시작했다. 고객이 서비스를 요구했고 아트라스콥코는 그에 응답한 것이다! 하지만 특히 처음에는 고객의 요구가 단순한 지원 서비스에 그쳤던 것에 반해 (다른 모든 것이 그렇듯이) 기업이 제공 서비스를 확대하도록 촉구하는 방향으로 요구가 진화했다. 이것은 문화와 지식, 좋은 관례와 같이 다른 많은 이들과 공유될 때 가치가 줄어드는 것이 아니라 증가하는 좋은 아이디어라는 자산의 선순환이다.

이런 유형의 수익화를 통해 얻게 되는 가치의 또 다른 측면은 수량화하기는 더 어려울지라도 똑같이 실재한다는 것이다. 아트라스콥코의 긴밀한 고객 관계는 고객의 변화하는 요구에 끊임없이 발맞추는 것을 의미한다. 그 결과 기업의 입장에서는 고객과 정기적으로 접촉함으로써 추가 상품이나 서비스에 대한 요구를 가장 먼저 예측할 수 있게 된 것이다. 따라서 실제로 고객에 대한 친밀한 정보는(지속적인 혁신과 더불어) 경쟁자가 끼어들 수 있는 여지를 제거한다. 이는 자신의 경쟁 우위가 제공하는 '보호 네트워크'를 통해 기업의 지위를 확고히 하는 동시에 상품 중심에서 고객 중심으로 사업의 중심을 성공적으로 전환할 수 있는 여러 사례 중 하나라 볼 수 있다.

중량에 따른 가격 지불 방식

항공 부문에서는 전통적으로 사람 수에 따라 가격을 책정한다. 연령, 지위와 같은 기준에 따라 항상 구분하긴 하지만 말이다. 폴리네시아 기업인 사모아 항공Samoa Air은 지금까지와는 완전히 다른 가격 결정 기준을 제시했다. 승객의 체중에 따라 운임을 책정한다는 것이다. 따라서 kg당 운임이 책정되는 데다 비행 거리에 따라 운임이 추가되는 방식이다.

사모아 항공의 항공권은 kg당 1달러에서 시작해 4.16달러까지 있다. 승객들은 그들의 체중과 수하물의 무게를 합산해서 그 중량에 대한 비용을 지불한다. 예를 들면, 사모아에서 팔레올로까지 비행기로 가는 데 체중 1kg당 약 1달러를 지불해야 하는 것이다. 사모아는 세계에서 세 번째로 과체중 인구가 많은 국가다. 이는 미국보다도 과체중 인구가 훨씬 더 많다는 뜻이므로 이러한 가격 결정 기준은 자연스러운 선택이다. 비록 일각에서는 차별적인 기준으로 볼 수도 있겠지만 말이다. 실제로 사용자들의 의견을 들어보면 이것이 합당한 개인화 정책이라는 의견이 많다.

사모아 항공의 CEO 크리스 랭턴Chris Langton은 체중을 기준으로 한 가격 결정 방식의 열렬한 주창자였다. 그는 "항공업계에서는 일정 기준을 넘어서는 수하물의 무게나 승객의 체중에 대한 추가 비용이 없었습니다. 즉, 1kg 더하기 1kg은 1kg인 셈이었죠"라고 말하며 이렇게 덧붙였다. "그러나 비행기가 작을수록 승객들 사이의 다양한 체중 차이를 수용할 수 있는 여지도 적어집니다. 게다가 사람들은 50년 전보다 일반적으로 더 체중이 많이 나가고 몸집도 크고 키도 크지요." 새로운 가격 결정 모델 덕분에 자녀가 있는 일부 가정에서는 실제로 항공권 가격을 일정 부분 절약할 수 있게 될 것이다.

논리적으로도 타당성이 없어 보이지 않는다. 결국 여기서는 승객의 나이나 지위가 아니라 체중이 비용 결정 인자가 되는 것이다. 그리고 이 모든 것을 뒷받침하는 논리는 다음과 같이 전개된다. '우리는 관리를 쉽게 하기 위해 만든 측정법에 따라 시스템을 조정한다. 그렇다면 상품 운송이 무게에 따라 비용이 청구된다면 사람에게는 그 기준을 적용하지 못할 이유가 있을까?' 이것이 사모아 항공 경영진들의 머릿속에 떠오른 질문이었다.

랭턴은 또한 이 기준이 사모아 국민의 건강에 대한 인식을 높이는 데 기여했다고 말한다. 사모아는 세계에서 비만율이 가장 높은 국가 중 하나다. 2021년 UN 보고서에 따르면 사모아 인구의 84.7%가 비만인 것으로 나타났다. 숫자로 환산해 보면, 약 20만 명의 인구 중 겨우 3만 명만이 '정상'이라는 뜻이다.

그렇기는 하지만 이 가격 결정 모델은 차별적인 인식이 내포되어 있어 한시적인 실험에 그칠지도 모른다. 어쨌든 현재 벌어지고 있는 상황은 일부 미국 항공사들도 비행기가 만석일 때는 지나치게 과체중인 승객들에게 항공권 두 장을 구매하도록 요구하고 있다는 것이다.

채택과 한계

기술 발전으로 사물인터넷을 통한 연결성이 증가하고 (비트코인과 가상화폐가 빙산의 일각에 불과한 블록체인의 등장으로 인해) 상품 판매 거래량은 잠재적으로 점차 줄어듦에 따라서 이용도에 따른 가격 결정 모델의 타당성은 증가할 것이다. 특히나 상품이나 서비스가 고객에게 신속히 전달될 수 있는 시장에서는 더욱 그렇게 될 것이다.

인공지능과 자동 학습의 등장에 힘입어 연결성이 증가하고 통합적인 데이터 분석이 가능해지자 기업들은 고객이 상품과 서비스를 언제, 어디서, 어떻게 사용하는지에 대한 더 많은 정보를 얻을 수 있게 되었다. 그래서 더 많은 정보가 생성되면 그것을 분석해 기존의 상품이나 서비스를 더 발전시켜 고객의 요구를 만족시키려는 목적으로 활용할 수 있다. 결과적으로 고객은 상품과 관련해 더 직접적이고 개인화된 경험을 하게 되어 혜택을 얻게 되는 것이다.

이러한 종류의 시장 발전은 오랜 역사가 있는 기업들에게는 도전이 된다. 그들은 매출의 흐름을 타협하거나 고객이 무엇을 좋아하는지와 이 가치가 어떻게 제공되어야 하는지에 대한 기본적인 가정을 의심하지 않고 기존 고객층을 보호하고자 한다.

연륜 있는 기업들은 일반적으로 실효성에 기반을 둔 사업 모델을 채택하기를 주저한다. 그들은 고객들의 초기 상품 구매로 발생한 소득을 스스로 까먹는 위험을 감수하고 싶어 하지 않기 때문이다. 더욱이 새로운 사업 모델을 채택하게 되면 판매 조정을 해야 하며, (단순히 판매량을 기준으로 하는 것이 아닌) 다른 영업 장려책이 필요해질 것이다.

전통적인 모델에서는 대량 구매를 예상하여 판매와 지원, 유통 자원이 최적화되어 있지만, 이용도에 따른 가격 모델은 대량 구매를 유도하는 데 적합하지 않다.그뿐만 아니라, 실효성에 기반을 둔 역동적인 모델을 채택하는 것은 이미 상품을 구입한 기존 고객들과의 관계를 양보해야 하는 위험을 감수해야 한다. 이 기업들에게는 수년 동안 제한된 시장에 고비용의 자산과 서비스를 판매해온 역사가 있으므로 새로운 가격 모델의 채택은 그들의 고객이 누구이며 그들이 무엇을 필요로 하는지에 대한 기본적인 추정을 뒤흔드는 일이 되는 것이다.

이른바 시장 지배 기업들은 특정 시장 부문에서 한때 개척자였다. 오랜 시간 쌓아 올려온 그들만의 자존심이 있다. 더불어 충성 고객들도 보유하고 있다. 시장에는 그들의 브랜드가 확고히 자리 잡고 있으며 오랜 시간에 걸쳐 다른 기업들과의 관계망, 물류 및 상업 네트워크를 구축했다. 이 모든 노력으로 말미암아 그들은 변화에 적대적인 입장을 취하게 되었고 해당 부문에 대한 지식은 한계를 보이게 된 것이다.

그러나 이 기업들의 경영진이 던지는 질문 또한 모두 동일한 경우가 많다. 상황은 변해도 인간은 변함이 없기 때문이다. "만약 과거의 성공이 소유권을 원하는 구매 고객들에게 복잡한 상품을 고가에 많이 판매한 덕분이라면 굳이 전략을 바꾸어 소량 구매 고객들에게 상품을 저가에 판매해야 할 이유가 있을까?"

많은 기업들에게 전통적인 가격 결정 모델에서 이용 횟수/시간 기반의 가격 모델로 전환하는 것은 쉬운 일이 아니다. 설사 주력 상품이 기본적으로 동일하다 하더라도 말이다. 다양한 유형의 상품들이 이용도에 따른 역동적인 가격 결정 모델을 따르게 되면서 B2C와 B2B 고객 모두가 점차 차별화된 폭넓은 선택권을 기대하게 되었다.

이용도에 따른 가격 결정 모델의 채택은 고객의 이용이 활발하고 변동성이 크고 예측 불가능한 시장에서 초기 구매가가 높은 상품들에게는 중요할 것이다. 이 방식은 가격이 비싼 기술 기반의 상품이나 고객 선호도가 빠르게 바뀌는 상품(그런데 요즘 그렇지 않은 상품이 어디 있는가?), 그리고 이용이 불규칙하거나 주기적인 상품에도 적용될 것이다.

우리는 이미 B2C 부문에서 자동차 산업이나 보험업, 혹은 고가의 패션 산업에서 기반 시설이나 수요가 적은 상품 분야에서 온디맨드 서비스를 경험하기 시작했다. 최종 소비자들은 자동차를 구매하는 대신 주행 거리를 구매할 수 있다. 연간 선불 정책 대신 특정한 일에 한정된 보험에 가입할 수도 있다. 평생 입을 옷이 아니라 행사 참석을 위해 의상을 빌릴 수도 있다. B2B 부문 역시 마찬가지다. 기업들은 이미 성장을 지속하고 다양한 요구에 부응하기 위해 클라우드 기반의 상품에 의지하고 있다.

그렇기는 하지만 이용도에 따른 가격 결정에는 일정한 한계가 존재한다. 계속해서 수요가 발생하는 지비용의 물리적 자산이 가장 지항이 크다. 고급 러닝화가 그 예이다. 이런 제품은 아마도 소비자의 요구에 맞추기 어렵다거나 제품이 빠른 속도로 닳는 경우, 혹은 (누구나 수긍이 가는 이유로) 공동 사용을 꺼린다는 이유로 계속해서 전통적인 방식으로 판매될 수도 있다.

설거지 횟수당 비용을 지불하는 경우와 같이 이용도에 따른 가격 결정 모델의 채택을 어렵게 만드는 또 다른 장벽은 재정적 상황이다 (일례로 식기 세척기를 설치하기 위해서는 비용이 들며 보험에도 가입해야 한다.) 그렇지만 모든 기업이 필요한 자금을 조달할 수 있는 상황은 아니더라도 금융 기관들이 대출을 제공하기 위해 나설 것이다.

이용도 기반의 가격 결정이 여러 부문에서 거래 혁신을 몰고 오며 인기를 얻고는 있지만, 이 가격 결정 모델의 성공 규칙을 확인시켜주는 몇 가지 긍정적인 예외도 존재한다. 바로 리액션 엔진 업계가 그에 해당하는데, 리액션 엔진 업계는 (고객과 공급업자 모두에게 있어) 진입 장벽이 새로운 주자들의 시장 진입을 막았기 때문에 큰 무리 없이 이용도 기반의 가격 결정 방식으로 전환할 수 있었다.

지금까지 언급한 한계점과 장벽에도 불구하고 서로 (아주 크게) 다른 분야의 기업들이 (구매한 자산의 소유권에 기반을 둔) 전통적인 가격 결정 모델에서 가치의 수익화를 가장 중요시하는 수익 모델로 전환함으로써 이점을 얻을 수 있다는 말로 결론지을 수 있겠다. 혁신적이고 창조적인 가격 결정 모델들은 기술과 디지털 솔루션을 최대한 활용하여 실물 상품을 구입해야 한다거나 새 고객을 끌어들여야 한다는 부담 없이 경쟁 우위를 확보할 수 있게 해준다.

요약

- 이용도에 따른 가격 결정, 혹은 이용 정도에 따른 과금은 상품이나 서비스의 실제 이용률에 따라 공급자에게 비용을 지불하는 방식이다.

- 렌트나 리스는 일반적으로 소비자에게 일정 기간 완전한 이용 권한을 주는 개념인 것에 비해 이용도에 따른 가격은 고객의 세부적인 이용 패턴에 따라 가격이 책정되는 개념이다. 이것이 바로 이용도에 따른 가격이 상품을 그렇게 자주 이용하지 않는 소비자들에게 매력적으로 다가갈 수 있는 이유다. 그래서 이용도에 따른 가격 모델은 큰 자본 지출 없이도 우수한 품질의 자원에 접근할 수 있게 해준다.

- 데이터 관리와 더불어 클라우드 컴퓨팅의 급속한 성장과 전반적인 기술 발전에 힘입어 이용도에 따른 지불 방식은 여러 다양한 분야로 확산하고 있다. 가전제품 부문의 원터홀터, 항공기 엔진 부문의 롤스로이스, 압축 공기 부문의 아트라스콥코, 자동차 부문의 집카는 이용도에 따른 가격 결정 방식을 채택하고 있는 수많은 기업들 중 일부에 불과하다.

- 이용도에 기반을 둔 가격 결정 모델을 도입하는 이유는 다양할 것이다. 유연성과 현금 유동성, 그리고 경제적 접근성과 고객 만족도를 높이기 위해, 혹은 상품을 구매해서 소유해야 한다는 부담을 덜어

주기 위해서와 같은 이유일 것이다.

- 이와 같은 가격 결정 방식이 제대로 자리를 잡게 되면 상품 구매의 장벽을 제거하고 정확한 목표에 따라 고객에게 제공하는 가치를 수익화하는 것이 가능해진다. 이용도에 따른 과금 방식을 채택하는 혁신적인 기업들은 계속 상품 판매에 한정된 사업만을 진행하는 시장 주자들에게서 상당히 큰 시장 지분을 가져올 수 있게 되어 규모 경제의 혜택을 누릴 수 있게 된다.

가격 결정의 기술

THE PRICING MODEL REVOLUTION

3장

회원제 가격

"고객층은 새로운 성장 엔진이다."

– 샨타누 나라옌Shantanu Narayen, 어도비Adobe CEO

사례

새벽 어스름 속에 공룡 같은 자태를 드러낸 거대한 철재 구조물. 햇빛
이 프레스기에 반사되어 나사못과 크롬 스프링의 가장자리에 부딪혀
부서진다. 커다란 창문을 통해서는 흙먼지가 날아 들어가 쌓인다.

1932년 〈뉴욕 헤럴드 트리뷴New York Herald Tribune〉 일요판에 실린 상징적
인 사진의 제목은 '고층 건물 꼭대기에서 하는 점심 식사'였고 뉴욕의 록
펠러 센터에서 찍힌 것이었다. 사진은 11명의 노동자가 도시 한복판 약
100m 높이의 공중에 매달려 있는 철재 빔 위에서 점심을 먹는 장면을
담고 있다. 이 사진은 당시 벌어지고 있었던 대공황에도 불구하고 앞으
로 나아가려는 인간의 의지를 보여주고 있다.

같은 맥락에서 21세기에 들어서면서 금융 위기와 함께 경제 생태학
적 위기의 이중고에서 벗어나고자 하는 인간의 의지를 보여주기 위해서
는 미래와 희망의 원형을 보여주는 또 다른 상징적 이미지가 필요해질
것이다.

기계 제작의 세계적인 선두 주자를 한번 상상해 보자. 우리는 인쇄기
(소위 말하는 오프셋 인쇄기)를 판매한다. 인쇄기는 전 세계의 출판사에 판
매된다. 170년이 넘는 기간 동안 이 상품들은 고가에 판매되었다. 그러
나 하루하루 세계에서 벌어지는 상황을 지켜보며 자선 활동으로서가 아
니라 순수하게 실용적인 판단에서 우리는 가격 결정 모델을 바꾸기로
한다.

개념을 정립하고 비교하는 과정을 거친 후 수익화 혁신을 위한 모델

과 가설을 만드는 작업으로 넘어간다. 여러 가지 제안이 나온다. 그다음에는 우리의 아이디어를 담아낼 이미지가 필요해질 것이고, 그 아이디어는 때가 되면 실현될 것이다. 지금으로서는 그것을 실현했을 때 어떤 결과가 나타날지 그 해법을 예측할 따름이다. 우대 고객들에게 다음과 같은 제안을 하는 것이다. (평균 250만 달러의 비용이 드는) 비싼 기계를 구매하는 대신 균일 가격에 일정 매수의 인쇄물을 인쇄해 주겠다는 것이다.

인쇄기는 한 달에 100,000달러의 이용료를 내면 고객의 생산 공장에 설치된다. 이 회원제에는 빅데이터를 활용한 유지 및 관리 서비스가 포함된다. 종이, 잉크, 래커(광택제)와 인쇄판 세척을 위한 세제와 고무 패드도 포함되어 있다. 만약 고객이 정해진 수량보다 더 많이 생산하는 경우, 이를테면 3천만 장을 인쇄하게 된다면 회원제 기간을 연장하면 된다. 그렇다면 이러한 홍보 활동의 상징적 이미지는 무엇일까?

구름이 자욱한 하늘을 배경으로 밧줄을 맨 채 철제 빔 위를 걷고 그 위에 앉아 점심을 먹는 남자들. 신문을 인쇄해 쏟아내는 그라비어 윤전기. 인쇄기는 다른 기계로 모습을 바꾸어 재조립된다. 그들은 비행기라는 새로운 형태로 탈바꿈해 전 세계에 우리의 원자재를 실어 나른다. 파리로, 카라카스의 중심부로. 나이로비의 빈민가에 사는 아이들의 얼굴, 물에 잠긴 자카르타, 새로운 해상도시 오셔닉스. 스톡홀름의 도시 숲, 로마, 델리, 뉴욕. 검은 배경 화면 위에는 다음의 문구가 적혀 있다. '어디든 멀어서 가지 못하는 장소는 없다.'

이 이야기는 상상의 이야기가 아니라 하이델베르거 드럭마쉬넨Heidelberger Druckmaschinen이 실제로 '하이델베르그 회원제' 서비스를 제공하면서 벌어진 일이었다. 미디어 기업들이 먼저 첫발을 디뎠고 소프트웨어 기업들이 그 뒤를 따랐다.

이제 회원제 기반의 수익 구조는 세계적으로 전 분야에 뿌리를 내리고 있다. 이제 암호화된 코드와 키보드 위의 글자들, 그리고 커서가 숫자와 시간 기반의 소비를 움직인다. 소파에 앉아 피자를 먹으며 TV를 보고 싶을 때는 언제든 바로 원하는 프로그램을 볼 수 있다. 집 거실 바닥에 앉아 소풍을 즐길 수도 있고, 아이들이 맥주를 바닥에 쏟아도 냉장고에 탄산수와 레몬은 더 있다. 아마 이것이 아직 본 적은 없지만, 곧 실현될 새로운 삶의 이미지이다.

〈어린왕자〉에서는 여우가 이렇게 말한다. "가장 본질적인 것은 눈에 보이지 않아." 시간은 최고의 가치인 것이다. 1800년대에는 시간의 흐름을 예상하고 앞질러 갔지만 이후 1900년대에는 시간을 잃어버렸다.(마르셀 프루스트) 두 차례의 전쟁을 겪고 난 뒤 2000년대에는 시간이 가속화되고 산산조각이 나서 흩어졌다. 오늘날 우리는 원자시atomic time가 실질적으로 중요한 유일한 것임을 깨달았는지도 모른다. 실제 공간이든 디지털 공간이든 공간은 우리가 이동해 다닐 수 있는 매개체이다.

시간은 하향보다 상향으로 더 빠르게 흘러간다. 전형파형은 일직선적인 시간에 관한 개념을 영원히 바꾸어 놓았다. 오늘날 우리는 모든 것이 하나이며 반복된다는 사실을 알고 있다. 계절은 사라졌고 우리는 그것에 점점 더 적응해가야 한다. 가장 강한 자가 이기는 것이 아니며, 다윈 역시 시간의 흐름 속에서 잊혀가고 있다. 현재의 승자는 더 빨리 더 잘 적응하는 사람이나.

마찬가지로 특정 시기에 더 많은 상품이 판매되고 그다음에 이어지는 배고픈 시기에는 가격 할인을 하는 등 이리저리 바뀌는 추세의 지배를 받기보다는 이제는 회원제 가격을 활용해 허리띠를 졸라매야 할 때다. 생산 설비 (또는 그 밖의 내구 자산의) 제조업체들은 안정적이고 어느 정도는 예측 가능한 소득의 혜택을 누릴 수 있다. 그리고 이것이 이른바 '고객 평생 가치'라고 부르는 고객의 가치를 그만큼 증대시키기도 한다.

투자자와 기업인 모두에게 '규칙적으로 발생하는 서비스 소비에 대해 일정한 요금을 받는 것'(이것이 회원제의 정의이다)보다 더 바람직한 일은 없을 것이다. 이런 이유에서 하이델베르그 회원제가 고객과 제조업체 모두가 윈윈할 수 있는 해법으로 고려되는 것이다. 고객은 더는 높은 고정 비용을 감내하거나 설비 투자를 해야 한다는 압박감을 느낄 필요가 없다. 더욱이 하이델베르그의 입장에서도 비용이 절약된다. 회원제의 경우 장당 겨우 3센트의 비용이 들기 때문이다. 전통적인 가격 모델에서는 기계를 사용하지 않는 시간까지 합산해 장당 비용이 5~6센트까지 상승한다. 하이델베르그에게는 회원제가 불안정한 시장의 문제를 해결해주는 만병통치약인 셈이다. 또한 서비스와 소비재를 더 많이 판매할 수 있게 해주어 무작위로 오르내리는 판매량과 상관없이 기업의 수익률을 높일 수 있게 해준다.

하이델베르그는 또한 인쇄기를 한 곳의 인쇄 기업에서 관리하는 것보다 더 효율적으로 관리할 수 있다고 확신하고 있다. 클라우드 기술 덕분에 15,000대의 인쇄기를 최적의 상태로 관리하는 데 필요한 정보가 담겨 있는 방대한 양의 주요 데이터를 입수할 수 있기 때문이다. 그에 더해 '소비재'의 경우에는 대량 생산의 비용 절감 혜택을 얻을 수 있다. 회원제로 더 많은 수량을 인쇄할수록 하이델베르그의 수익은 상승한다. 따라서 이 독일의 인쇄 선두 기업의 경영 목표는 회원제를 통해 총매출과 수익률을 높이는 것이다.

하이델베르그의 평가 기준은 회원제 가격 모델로 엄청난 부를 획득한 기술 기업들이다. 10년 전쯤 소프트웨어 부문에서는 클라우드 기술을 활용한 회원제 서비스가 확산된 바 있다.현재에도 매출액이 1천억 달러 이상에 달하는 서비스형 소프트웨어SaaS(Software as a Service)가 전세계 소프트웨어 기업 매출의 3분의 1 이상을 차지하고 있다. 그리고 그들은 계속 성장세에 놓여 있다. (시장조사 에이전시 가트너Gartner에 따르면 성장률은 연간 20%에 달하는 것으로 추산된다.) 이러한 행보를 따름으로써 마이크로소프트Microsoft의 CEO 사티아 나델라Satya Nadella는 마이크로소프트를 세계에서 가장 가치가 높은 기업들 중 하나로 자리매김시켰다.

회원제 방식 채택으로 성공을 이룬 기업들은 미국 S&P 500 기업들보다 5배나 더 높은 성장률을 달성하고 있다. 아마존Amazon과 세일즈포스Salesforce, SAP가 투자자들 사이에서 인기가 높아지게 된 이유이다.

상황 분석 - B2C 거래에서의 회원제

디지털 분야에서는 개인 사용자들이 연속적 구매 경향을 아주 강하게 보이고 있고 2020~2022년 코로나19 팬데믹 기간에 그와 같은 경향은 더욱 가속화되었다. 처음에는 모두가 당황해 불안한 상황 속에서 숨을 죽이고 라디오와 TV 뉴스에 귀를 기울였다. 도시들은 쥐 죽은 듯 고요에 휩싸였다. 로마, 뉴욕, 모스크바, 도쿄는 아스팔트 사막이 되었다. 도시의 소음이 다시 세상을 채울 때까지 아브루초 거리에 수사슴이 활보하고 메인주의 도시 한복판에 곰이 출몰하는 등 자연이 인간의 거주 영역을 침범하는 일이 발생하기도 했다.

각 가정에서도 시간과 사회적 공간을 다른 관점으로 바라보게 되었고 그것은 개인의 삶에 큰 파장을 불러왔다. 우리는 모든 노력이 헛되어 보이는 시기에 소우주를 새로운 상상의 공간으로 전환시키는 새로운 에너지를 발견하기도 했다.

어쩌면 넷플릭스Netflix나 DAZN, 스포티파이Spotify, 아마존 프라임 Amazon Prime과 같은 많은 스트리밍 서비스 기업들이 코로나19 이후의 재건 기간에 그렇게 급속도로 크게 발전한 것이 부분적으로는 이러한 사회적 분위기 덕분이기도 했다.

이런 상황은 블리자드Blizzard와 월드 오브 워크래프트World of Warcraft 와 같은 게임 개발 기업들과 늘 승승장구하는 소니 플레이스테이션이나 뉴욕 타임스New York Times에서 월스트리트 저널Wall Street Journal에 이르기까지 미디어 부문에 큰 투자를 한 기업들에게도 마찬가지다. 애플Apple의 CEO 팀 쿡Tim Cook은 스티브 잡스Steve Jobs가 떠난 이후 분명한 목적의식을 가지고 있었다. 음악 구독 회원제뿐만 아니라 영화, 게임, 뉴스에서도 구독 회원제 방식을 도입해 새로운 수익 흐름을 만들겠다는 것이다.

일상적인 상품에 대한 회원제 서비스는 이미 시장에서 흔히 찾아볼 수 있다. 예를 들면, 프록터앤드갬블Procter&Gamble은 경쟁 기업인 달러쉐이 브클럽Dollar Shave Club처럼 팸퍼스 기저귀와 질레트 면도기 판매에서 이와 같은 서비스 방식을 채택하고 있다. 이 서비스의 선발 주자 중에는 커피 머신과 캡슐 커피를 매달 배송해주는 네슬레Nestle가 있다. 그 밖에도 여러 상품군에서 회원제가 적용되는 것을 쉽게 볼 수 있다. 월 39.95달러에 구두를 제공하는 저스트팹JustFab에서부터 매주 18달러에 애완동물 사료를 제공하는 더파머스도그The Farmer's Dog에 이르기까지 다양하다.

타이어 또한 사용도에 따라 가격을 매기는 방식을 적용할 수 있다. 예를 들면, B2B 고객들에게 주행 마일당 가격을 매기거나 B2C 고객들에게 회원 가입제로 타이어를 제공하는 것이다. 런던과 두바이에 본사를 둔 다국적 타이어 기업인 제니세스Zenises는 타이어 네 개의 가격을 600,000달러로 책정해 세계에서 가장 비싼 가격의 타이어를 내놓은 것으로 기네스북에 등재된 바 있다. 그리고 최근 유럽에서 B2C 고객들을 대상으로 타이어 회원제를 출시하기도 했다. 제니세스의 새로운 타이어 회원제 사업인 '카티젠Cartyzen'은 CEO인 하지브 칸다리Haarjeev Kandhari가 제안한 것이다.

타이어 회원제 서비스는 현재 독일에서 알주라엑스Alzura X와 국내 600개의 파트너 지점에서 제공되고 있습니다. 이 모델은 사용자가 서비스를 사용하는 기간 동안 소액의 요금을 지불하고 사용하는 방식이죠. 매달 4.99유로만 지불하면 새로운 타이어와 관련된 모든 서비스를 이용할 수 있습니다. 모든 서비스는 카티젠의 온라인 플랫폼을 통해서 제공되고 있습니다. 고객의 요구에 맞춘 서비스와 솔루션을 제공하는 한편 사용자의 전반적인 선호도에 관한 정보를 수집하기도 하지요. 카티젠은 보험 서비스 또한 제공하고 있습니다. 고객 만족을 보장하기 위한 정책으로 타이어의 접지면이 파손되거나 펑크가 나거나 마모된 경우 주행한 거리와 상관없이 타이어를 교체해줍니다. 제니세스는 타이어 회원제를 세계 최초로 도입한 기업으로 타이어 판매 모델을 혁신하는 전략을 지속해나가고 있어요. 또한 모든 거래에서 비트코인과 같은 가상화폐를 받아주는 최초의 타이어 기업이 되었습니다.

유럽에서는 한 가구가 신선한 과일, 커피와 같은 식품 배송이나 화장품 외에도 음악, 비디오, 소프트웨어, 게임과 같은 콘텐츠 구독료로 매달 가구 예산 중 약 5%인 평균 130달러를 소비하고 있다. 특히 미디어 부문에서는 회원 가입을 하고 구독료를 지불하는 방식이 전혀 새로울 것이 없다. 그러나 한편에서는 팬데믹이, 다른 한편에서는 디지털화가 이 분야의 성장을 가속화한 것만은 확실하다. 2021년 전 세계의 회원제 사업은 그 가치가 7천억 달러로 추산되었으며, 이 수치는 2027년까지 2조 1천억 달러 이상으로 증가해 세 배로 성장할 것으로 예상된다.

팬데믹은 영국의 오카도Ocado와 모리슨스Morrisons 등의 소매기업들이 회원제를 도입하도록 부추겼다. 이탈리아에서도 바릴라Barilla, 일리Illy, 스코티Scotti와 같은 기업들이 회원제를 시행하고 있다. 바릴라의 경우, 쿠치나바릴라CucinaBarilla 패키지를 런칭했다. 쿠치나바릴라 패키지는 매달 약 40달러를 지불하면 여러 가지 다양한 레시피 중 고객이 선택한 9개의 키트를 한 박스에 담아 고객의 집으로 직접 배송해준다. 각각의 키트는 원하는 레시피에 따라 조리할 수 있도록 2인분 이상 분량의 식재료를 담고 있다. 키트를 조리하려면 '똑똑한' 오븐 안에 기본 재료들을 올려두기만 하면 된다. 이 자동 오븐 또한 회원제에 포함된 서비스다. (바릴라는 고객에게 자동 오븐을 무료로 대여해 주고 있으며 집으로 배송해 준다.)

회원제 서비스는 자동차 부문과 같은 다른 분야에서도 호응을 얻고 있다. BMW, 메르세데스, 포르쉐는 일부 도시에서, 혹은 특정 대리점에서 회원제 서비스를 제공하고 있다. 포르쉐는 '포르쉐 패스포트'라는 이름으로 그 첫발을 내디뎠다. 포르쉐 패스포트는 북미 지역에서 제공되고 있는 회원제 서비스로, 매월 회비 3,000달러에 보험료와 세금, 유지 보수 및 타이어 교체 서비스가 포함되어 있다. 포르쉐는 뿔이 달린 말이 정중앙에 위치한 슈투트가르트 문장의 로고를 그대로 유지하면서 회원들의 요구에 따라 차종을 바꿔주기도 한다. 이를테면 여름에는 컨버터블로, 그리고 겨울에는 SUV로 바꿔주는 것이다. 특히 포르쉐 911 모델의 경우 유럽에서는 월 회비로 1,899달러를 지불한다.

볼보는 이 분야에서 가장 공격적인 마케팅을 펼치는 자동차 기업 중 하나다. 그들의 회원제 프로그램인 케어CARE는 몇 년 내로 볼보 총매출액의 거의 50%를 차지하게 될 것으로 예상된다.

회원제는 렌트나 리스와는 분명한 차별성을 지니고 있다. 회원제는 대출이라는 무기를 활용해 값비싼 구매를 부추기는 것이 아니다. 여기서 목표는 상품 판매가 이루어진 후 고객 접촉을 하지 않는 대부분의 경우와는 달리 고객과의 지속적인 관계를 확립하는 것이다. 주로 디지털로 관계를 형성하며, 이를 통해 회원에 대한 정보를 알 수 있을 뿐만 아니라 타깃 고객을 대상으로 추가 서비스도 제공할 수 있다. 예를 들면, BMW는 음성 인식으로 작동하는 디지털 개인 비서가 주차장을 찾아주고 가장 좋아하는 노래를 틀어주며 이메일을 읽어주는 등의 서비스를 제공한다. BMW의 '헤이 BMW'에 가입하려면 최대 379달러의 회비를 내야 한다. 이는 기업 입장에서도 수익률이 높은 사업이다.

회원제 사업은 비용을 들여 유치하는 새로운 고객을 통해서뿐만 아니라 기존 고객층에서도 매출 증가를 일으킨다. 회원제의 선구자라 할 수 있는 어도비의 CEO 샨타누 나라옌Shantanu Narayen은 이 주제에 관해 다음과 같이 한마디로 요약한다. "고객층은 새로운 성장 엔진이다."

B2B 회원제

회원제는 제조 기업들에게도 엄청난 잠재력을 가져다준다. 상품이 판매된다는 것은 고객이 돈을 주고 그 상품을 구매하는 것이다. 즉, 고객의 손안에 있는 총 취득 자산에서 자본 지출이 발생하는 것이다(구매한 상품에서 문제가 발생하는 경우도 있다). 그러나 만약 서비스가 판매되는 경우라면 자본 지출은 유동성을 지니게 된다. 이 모델은 경제 금융적 혁신의 과정이자 경영 방식의 하나로 상품에 대한 소유권을 가지는 것에서 이용도에 따른 지불 방식으로 상품에 대한 접근권을 가지는 것으로 형태가 바뀐 것이다. 하이델베르그와 같은 회원제 모델은 한발 더 나아가 반복적인 지불(프로그램되어 있는 운전비)을 통해 고객과 사전 조율이 가능한 장기적인 관계를 형성해 나간다. 그에 더해 표 3.1에 나타나 있는 것처럼 상품 및 서비스와 관련된 모든 문제를 제조업체에 위탁한다.

표 3.1 상품, 서비스, 회원제 사이의 차이

차별점	상품	서비스	회원제
가격 결정 모델	소유권	반응적, 온디맨드	사전조율적, 요구
성공 요인	수요 욕구 발생 시 최초 상기 브랜드가 된다.		지속적으로 경험을 발전시킨다.
고객의 관점	내가 나의 문제를 해결할 것이다.	당신이 나의 문제를 해결해줄 것이다	어떤 문제도 없었으면 좋겠다.
지불 방식	자본 지출	때에 따라 이용에 따른 지출	프로그램화된 이용에 따른 지출
데이터 교환	판매 시 1회	이용 시 여러 회	지속적

많은 기업이 자사의 기계나 전기 설비를 수백만 기가바이트에 해당하는 페타바이트 용량의 데이터를 만들어내는 사물 인터넷을 통해 서로 연결하기 시작했다. 그렇더라도 데이터 사용은 제한되는 경우가 많다. 또한 원격 AS 서비스를 제공함으로써 기술직원의 수를 줄이는 것이 가장 이상적인 모델이다.

경영 컨설팅 기업인 호바스의 최근 조사에 따르면 단 5%의 기업만이 이러한 서비스로 돈을 벌고 있는 것으로 나타났다. 이 서비스를 이용해 수익화할 수 있는 비즈니스 모델이 부족한 실정이기 때문이다. 이런 이유에서 제조 업종의 기업들에게 새로운 접근법이 필요해지는 것이다. 심지어 고객이 요구하지 않은 서비스나 옵션까지 만들어서 상품을 모든 상황에 적합하게 맞추어 제공할 수 있는 세상에서 디지털 연결 기술의 도움으로 실제 상품의 사용은 아주 세세한 부분까지 측정이 가능하다. 이와 같은 방식의 가치 창출은 제조업 분야의 많은 기업에게 관심의 중심이 아니다. 그러나 공기 정화 장치 분야의 선두 주자인 만앤휴멜

Mann+Hummel의 경우는 달랐다.

2018년 만앤휴멜은 센지트Senzit 회원제 서비스를 내놓으며 미국 시장 전면으로 등장했다. 한 달에 199달러를 내면 인공지능 센서가 달린 공기 정화 장치를 이용할 수 있게 된다. 이 공기 정화 장치는 수확용 기계나 굴삭기에 설치되면 그 위치와 상태, 작동 시간, 여과력 등의 정보가 센지트의 포털 사이트(senzit.io)로 바로 전송된다. 매월 20달러의 회비를 내면 공기 정화 필터가 교체되어야 할 시기에 총괄 운영자나 건물 관리자의 스마트폰으로 직접 알림을 보내주기도 한다. 만앤휴멜은 단순히 상품을 판매하는 데 그치지 않고 이와 같은 방식으로 비싼 기계의 활용성을 극대화하는 서비스를 제공하고 있다.

이 서비스는 예비 부품 조달이나 유지 보수를 적절한 시기에 자동으로 진행해주는 서비스로까지 향후 확대될 수 있을 것이다. 농촌에서 농기구 정비를 이와 같은 방식으로 할 수 있다면 어떨지 한번 상상해 보라. 봄의 옥수수밭과 꽃망울들, 냉장고 안에서 필터 체크가 끝나기를 기다리고 있는 백포도주. 일꾼들은 하루 일을 마무리하고 있고, 나무에는 바로 따먹을 수 있는 신선한 과일이 매달려 있으며 신선한 바람이 주변을 감싼다. 더 바랄 게 뭐가 있겠는가? (그렇다. 당신도 이렇게 생각할 것이다. 아니, 이것은 공공연한 비밀이 아니다. 무언가를 상기시키는 말의 힘(설사 입 밖으로 내뱉지 않은 말일지라도)으로 독자나 청자의 마음속에서 얼마나 많은 일이 일어날 수 있는지를 보여주는 것이다. 설득과 상징. 결국 인간은 30만년 전 호모 사피엔스 시절부터 이런 것들을 빼놓고는 존재할 수 없었다. 우리는 다시 그림자와 스토리, 해석, 상징과 같은 개념의 세계에서 살아가고 있는 것이다.)

그러나 회원제는 하이델베르거 드럭마쉬넨의 경우에서처럼 재정적으로 큰 투자가 필요할 수도 있다. 산업용 제조 기계 및 레이저 유명 제조업체인 트럼프Trumpf는 자금 조달 리스크 관리를 자사 은행인 트럼프 은행에게 맡겼다. 트럼프는 36개월 동안의 회원 가입 기간이 만료되면 보통 기계를 회수해서 중고로 되판다.

난방 및 냉방 장치 제조업체인 비스만Vissmann 또한 이와 동일한 방식으로 사업을 전개해 나가고 있다. 최근에는 난방 회원제 서비스를 출시해 '음악 구독만큼 쉬운 서비스'를 기치로 내세우며 홍보하고 있다. 매월 106달러의 요금을 내고 10년 계약하면 유지 보수, 수리, 굴뚝 청소, 가스 공급 등의 서비스가 제공되는 새로운 난방 시스템/서비스를 경험할 수 있다.

이러한 유형의 회원제에 대한 요구는 증가 추세에 있다. 한 달에 100달러가 조금 넘는 금액을 지불함으로써 총 20,000달러의 경비 지출로 새로운 시스템의 혜택을 받을 수 있게 된다는 사실이 고객을 끌어들이는 것이다. 특히 임대주들은 이 서비스를 선호한다. 매월 청구되는 요금을 매월 렌트비에 포함할 수 있고 운영비 명목으로 세금 공제를 받을 수도 있기 때문이다.

회원제 모델의 성공적인 도입을 위한 5단계

회원제는 그 서비스가 없다면 너무 비싸서 이용하시 못했을 자산과 상품, 서비스를 이용할 수 있도록 해주기 때문에 편리하다. 또한 이것 못지않게 중요한 것은 우리가 현재 살아가고 있는 유동적인 시대에는 아무

것도 영원한 것이 없다는 사실이다. 그렇다면 이제 회원제 모델을 성공적으로 도입하기 위한 5단계 과정을 살펴보자.

1. 회원제로의 전환 계획

거래 기반의 경영(혹은 일회성 거래, 즉 상품을 단 한 번만 판매하고 값을 받는 방식)에서 소득이 '규칙적으로 발생하는' 회원제 기반의 경영 모델로 전환해야 한다. 이는 곧 기업 내에서 여러 가지 부분이 바뀌어야 함을 의미한다. 서비스와 관련해서는 가격 결정 방식뿐만 아니라 업무 절차와 IT 시스템도 바뀌어야 한다. 회사의 업무수행 방식을 조정해야 한다는 점을 확실히 인식할 필요가 있다. 상품 제공에 맞춰 소비를 추적하고 모니터와 평가를 진행하는 자기 분석을 위한 컴퓨터화된 시스템 또한 필요하다.

비유적으로 말하자면, 그것은 구세계에서 신세계로의 전환이다. 중간에는 바다가 놓여 있고 모험과 불확실성이 있으며 견고한 배가 필요하다. 두 가지 경영 모델이 섞여 있는 소득이 회원제 모델로 더 빨리 이동해갈수록 더 빠르고 혁명적인 전환이 이루어진다. 그렇게 만들기 위해서는 시작 단계부터 바로 항로의 좌표가 되는 목표에 대한 확실한 전망을 세우고 그에 따라 운영 절차를 계획하는 것이 중요하다.

대기업의 경우 빨리 전환한다 해도 수년이 걸릴 수 있다. 그래서 전통적인 거래 방식과 함께 새로운 회원제 서비스가 병행 제공되는 과도기에 대해 구체적인 상을 그려볼 것을 권하는 것이다. 리스크를 줄이는 한편 새로운 전략을 채택하는 과정에서 유용한 경험을 얻을 수 있기 때문이다.

2. 고객의 요구에 맞춘 서비스 제공

회원제의 성공 비결은 고객의 요구에 세심하게 맞춘 서비스 구조에 있다. 모든 것은 고객에게서 시작되고 고객에게서 끝난다. 회원제 서비스를 제공할 때는 표 3.2에 나타나 있는 것처럼 제공되는 자산이나 서비스를 반드시 고객이 구입하고 소비하기를 원하는 방식으로 제공함으로써 고객에게 특별하고 중요한 가치를 전달하는 수익화 모델을 활용해야만 한다.

표 3.2 회원제의 가치를 높여주는 고객 요구의 사례들

차별점	고객 맞춤 서비스, 흔치 않음	규칙적인 구매 주기	다양성, 새로움, 탐사
회원제의 가치	고급 서비스에 접속	적시에 편리하게 제품 보급	낮은 위험성, 간편함
사례	• 엠마&끌로에 (Emma&Chloe 보석액세서리) • 기니 비 (Gwynnie Bee 패션) • 윙크 (Winc 와인)	• 달러 쉐이브 클럽 (Dollar Shave Club 면도기) • 더파머스도그 (The Farmer's Dog 애완동물 사료) • 아마존 서브스크라이브앤 세이브 (AmazonSubscribe&Save 가정 용품)	• 네이처박스 (NatureBox 스낵) • 블루 에이프런 (Blue Apron 홈쿠킹) • 버치박스 (BirchBox 메이크업)

출처: 파크노트 아키텍트(Farknot Architect)/ 어도비 스톡

늘 그렇듯이 답이 중요한 것이 아니다. 중요한 것은 질문이다. 알레한드로 조도로스키Alejandro Jodorowsky는 "질문이 바로 그것의 답이다."라고 썼다. 인간은 동화와 이야기 속에 지혜를 숨겨 놓으며 질문은 우리의 정신 작용과 습득된 지식을 드러낸다. 이 경우는 질문이 기업 문화를 드러낸다고 할 수 있겠다.

우리 고객들이 가장 불편해하는 것은 무엇일까? 어떻게 하면 그들을 도울 수 있을까? 어떻게 시장을 세분화하는 것이 좋을까? 우리는 어느 정도 수준의 회원제 서비스를 누구에게, 그리고 어느 시장에 제공할 것인가? 이와 같은 질문들은 현재를 비춰주는 근본적인 질문일 뿐만 아니라 오랜 시간에 걸쳐 우리가 습득해온 것을 기반으로 여전히 성취하기를 원하는 것들의 영향을 받고 있기도 하다. 질문을 통해 우리가 지향하고자 하는 미래 발전과 특정 요구의 반영이 가능해지는 것이다

3. 제공 서비스의 가격 결정

제공할 서비스가 확정되면 회원제의 가격이 정해져야 한다. 그렇다면 어떻게 정할 것인가? 예를 들면, '고객이 비용을 내도록 만드는 요인은 무엇인가?'라는 질문에 대해 답을 찾아보는 것도 도움이 될 것이다. 그에 대한 답으로 시간 단축을 생각해 볼 수도 있겠고, 아니면 하이델베르거 드럭마쉬넨의 경우처럼 인쇄물의 매수, 혹은 이용자의 수, 장소의 수, 다운로드 횟수 등 다양할 것이다.

그에 더해 제공되는 회원제 모델에 따라 가격을 정하는 가장 좋은 방법이 무엇인지도 생각해 보아야 할 것이다. 정액제가 가장 좋

을까, 아니면 복합 과금제가 가장 좋을까? 또한 지불 의사를 기반으로 어떻게 가격을 차별화하면 좋을까? 청구 조건은 무엇인가? 선불로 지불하는 경우 할인을 제공할 것인가와 같이 세세한 부분까지 고려해야 할 것이다. 이러한 질문들은 처음 시작 단계부터 명확한 답을 가지고 있어야 하는 질문들이다.

4. 서비스 테스트

과감한 전환을 단행한 뒤 회원제 서비스를 전국적으로 확대 시행하기에 앞서 시장 반응을 확인하는 것이 중요하다. 회원제 서비스를 체험할 기회를 제공함으로써 서비스를 전국적으로 확대하는 것에 대해 소중한 의견을 얻을 수 있다. 서비스 이용에 관한 의견과 함께 고객들이 서비스에 얼마나 만족하는지에 대한 피드백도 수집할 수 있다. 그렇게 함으로써 수익 흐름을 추정할 수 있고 관련된 사업 계획을 구체화할 수 있게 된다.

5. 서비스 출시 준비

서비스 출시를 준비하는 마지막 단계이다. 볼보의 경우, 사용자와의 소통과 내부 소통 모두를 중요시한다는 관점에서 케어 회원제 서비스 출시를 위해 소셜미디어를 활용하는 데 성공했다. 이처럼 가장 적합한 매체를 선택해야 하며, 기존의 상품 판매 사업과 함께 새로운 가격 체계가 시장에 자리 잡을 수 있게 만들도록 영업 사원들을 준비시키고 서비스가 인기를 얻게 될 경우 그에 상응하는 인센티브를 지급하기로 한다.

- "상품을 만들어 놓으면 고객은 찾아오기 마련"이라는 말은 옛말이 되어버렸다.

- 우리는 상품을 소유하는 모델에서 공유하는 모델로 옮겨왔다. 자산을 구입하는 것에서 경험을 획득하는 것으로 바뀌었다. (마치 에리히 프롬이 말한 존재와 '소유' 사이의 엄청난 차이에 대해 사유하기라도 하듯) 상품을 소유하는 것에서 서비스를 제공하는 것으로 바뀐 것이다. 혹은 결과 기반의 수익 모델로 이동한 것이다.

- 같은 맥락에서 기업들은 그들의 거래 전략과 운영 방식을 더욱 고객 중심적으로 조정해 나가고 있다.

- 상품의 단위 또는 사용자 기준의 간접 판매를 하기보다는 고객에게 직접 판매하며 반복적으로 거래하고 있다.

- 이는 B2C와 B2B 시장 모두에 적용되고 있다. 우리는 물리적 자산과 거래에 중점을 둔 상품 기반 경제에서 소유권에 얽매이지 않는 유동적 경제로 나아가고 있는 것이다.

- 더 많은 고객들을 찾아 나서기에 앞서 무엇보다도 먼저 고정적이고

일반적인 서비스로 새로운 고객을 확보하고 단일 거래를 통해 상품을 판매하는 데 초점을 두어야 한다.

- 두 번째로는 고객과의 관계가 사업 모델의 중심임을 기억해야 한다. 자신의 필요에 따른 개인 맞춤 서비스를 경험한 개인 고객들을 중심으로 구매 경험이 구축되는 것이다.

- 회원제 서비스의 성공을 위해서는 다음의 다섯 가지 단계를 고려해야 한다.
  1. **회원제로의 전환 계획:** 소득이 '규칙적으로 발생하는' 회원제 기반의 경영 모델로 전환은 기업에 아주 큰 변화가 따라야 함을 의미한다. 서비스 차원에서 가격 결정 방식뿐만 아니라 업무 절차와 IT 시스템도 바뀌어야 한다. 따라서 작업 방식이 조정되어야만 한다.
  2. **고객의 요구에 맞춘 서비스 제공:** 회원제의 성공 비결은 고객의 요구에 세심하게 맞춘 서비스 구조에 있다.
  3. **제공 서비스의 가격 결정:** 제공할 서비스가 확정되고 나면 회원제의 가격이 정해져야 한다.
  4. **서비스 테스트:** 과감한 전환을 단행한 뒤 회원제 서비스를 전국적으로 확대 시행하기에 앞서 시장 반응을 확인하는 것이 중요하다.
  5. **서비스 출시 준비:** 마지막 단계에서는 사용자 및 내부와의 소통을 계획하고 출시한다.

- 이 수익화 접근법에서 중요한 것은 소유권이 아닌 즉각적인 이용과 그에 따른 결과다. 계획적 진부화planned obsolescence가 현재 진행 중인 발전으로 대체됨으로써 고객의 높아지는 기대에 부응하고 그들과의 관계를 계속 지속시켜 나갈 수 있게 된다.

- 고객에게 제공되는 유연성 또한 점차 증가하고 있다. 고객에게 제공되고 있는 선택지 중에는 수량에 따른 할인, 정액제, 장기 계약 등이 있다. 세일즈포스Salesforce, 젠데스크Zendesk, 우버Uber, 박스Box와 같은 기업들은 규칙적인 수입을 발생시키는 서비스 사용을 추적하면서 회원 기반을 계속 유지하는 것을 기업 목표로 삼고 있다. 회원제 방식은 주식 시장에서 아주 높게 평가되어 경영진이 아주 선호하는 방식으로, 서비스를 계속 향상시켜 장기 충성 고객을 확보하는 것이 관건이다.

가격 결정의 기술

THE PRICING MODEL REVOLUTION

4장

결과 기반의 가격 결정

"사람들은 직경 6㎜의 드릴을 사고 싶어 하는 것이 아니라
6㎜의 구멍을 뚫기를 원하는 것이다."

– 테오도르 레빗Theodore Levitt

사례

"정부가 극장 공연에 대한 세금을 8%에서 21%로 인상한다면 코미디 소극장들은 어떻게 대응해야 할까?"

스페인 정부가 세금을 인상해 관람객이 거의 전멸했을 당시 바르셀로나에 있는 테아트레네우Teatreneu라는 한 코미디 극장은 이 문제의 해결책을 찾기 위해 광고 대행사 시라노스 맥캔Cyranos McCann과 제휴 관계를 맺었다. 그들의 과제는 티켓 판매가 급격히 떨어지고 난 후 수입을 늘리기 위한 새로운 전략을 찾아내는 것이었다. 겨우 1년 만에 30%의 소득이 감소했고 티켓 가격은 평균 20%가 떨어졌다. 관객들은 영화관 등 다른 즐길 곳으로 발길을 돌렸다.

그들이 찾은 자구책은 사람의 활동을 세분화하는 것이었다. 이 경우에는 웃음을 측정 가능한 데이터 조각으로 나누어 경제적 수치로 평가하기 더 쉽게 만드는 것이다. 이것이 코미디 쇼를 보는 관객들을 대상으로 최초로 도입된 '웃은 횟수에 따른 가격 지불' 방식이다. 이와 같은 혁신적인 지불 방식은 '안면 인식'이라는 새로운 기술의 도입으로 가능해졌다. 안면 인식 기술의 프로그래밍 파라미터(매개변수)를 이용함으로써 그것을 다양한 감정 상태(웃음/행복, 울음/우울함, 놀람/매료됨 등)에 연결해 정확한 반응을 인식하는 것이 가능해진 것이다.

태블릿에 설치되어 있는 웃음 횟수에 따른 시불 애플리케이션은 얼굴 추적기나 표정 탐지기로 개발된 소프트웨어에 기반을 두고 있다. 이 소프트웨어는 숫자를 세고 나열하고 탐지된 웃음 횟수에 따라 통계를 낼 수 있다. 태블릿은 웃음을 한 번 탐지할 때마다 사진을 찍어서 저장한다. 극장에 놓여 있는 각각의 좌석 뒤에 설치되어 있는 태블릿에 이 기술이 탑재되어 관객들을 모니터하는 것이다. 공연의 이와 같은 가격 책정 방식은 단순하고 효과적이다. 그리고 입장료는 무료다.

> 공연을 보고 웃지 않는다면 돈을 낼 필요가 없습니다.
> 하지만 웃으면 한 번 웃을 때마다 돈을 지불해야 합니다.

공연이 끝날 때 관객들은 자신이 웃은 횟수를 확인하고 웃는 모습을 담은 사진들을 볼 수 있으며 그 사진을 소셜 네트워크에 공유할 수도 있다. 웃음의 1회당 가격은 0.30유로로, 최대 24유로까지 책정된다. 24유로는 웃음 80회에 해당하는 금액이다. 이는 정해져 있는 최대한도이며, 관객이 돈에 부담 갖지 않고 공연을 즐길 수 있도록 하기 위한 상한선이다. 81번째 웃음부터 극장은 균일가를 보장하고 있다. 따라서 최대 지불 가격은 80회의 웃음에 해당하는 가격이다.

웃음 횟수당 지불 애플리케이션은 바르셀로나의 테아트로 아쿠타니아Teatro Aquitania에서 처음으로 대중에게 소개되었다. 테아트레네우가 제작사 카나다Canada와 협력하여 코미디 쇼인 〈임프로쇼Improshow〉를 시작했을 때, 평균 관람료는 6유로 상승했고 관객 수는 35% 증가했다. 웃음 횟수당 가격 지불 방식을 적용하는 모든 공연은 전통적인 지불 방식을 적용하는 일반 극장들과 비교했을 때 전반적으로 28,000유로의 추가 수입을 더 올리는 것으로 나타났다.

이 가격 결정 방식은 스페인의 다른 극장에서도 차용하기 시작했다.

웃음 횟수당 가격 지불 방식을 도입하기 위해 휴대폰 애플리케이션이 지불 시스템으로 고안되었고, 공연 횟수가 아닌 웃음 횟수를 기반으로 한 첫 번째 회원제도 출시되었다. 이는 결과 또는 성과 기반의 가격 결정 방식, 혹은 서비스나 상품을 제공하는 이들이 보여주는 결과물과 연계된 수익 모델의 본보기가 될 만한 사례라 할 수 있다. 이런 종류의 수익화를 가능하게 하는 데에는 두 가지 요소가 있다. 바로 결과 기반의 수익 모델과 기술이다.

수익 모델은 공연(이 경우에는 엔터테인먼트)의 결과를 기반으로 하고 있다. 코미디 극장 공연에서 웃음은 제공되는 서비스의 가시적인 결과이다. 지불 금액이 관객의 손에 달린 것이다. 관객은 웃음이라는 수단으로 극장이 얼마를 벌게 될지 결정하는 장본인이다. 그들이 웃지 않으면 수입은 발생하지 않는다. 모든 리스크는 극장에서 감수해야 한다. 극장은 공연의 질과 고객에게 제공되는 가치에 대해 확신할 수 있어야 한다. 그에 더해 고객인 그들의 관객에게 제공되는 가치를 수익화하기에 가장 적합한 가격 결정 기준을 확립해야 한다. 고객에게 제공되는 100%의 가치를 담아낼 수 있는 '완벽한' 가격 결정 방식을 찾는 것은 쉬운 일이 아니지만 최대한 그에 근접한 방식을 찾는 것은 가능하다.

이 접근법을 활용해 테아트라네우는 수익을 크게 증대시킬 수 있었다. 이와 같은 방안을 생각해내지 않았더라면 극장은 파산에 이르렀을 것이다. 관람료를 내지 않기 위해 일부 관객들이 공연을 충분히 즐기면서도 웃지 않거나 무표정을 유지하려고 노력할까 봐 우려하는 목소리도 있다. 그러나 정직하게 말해 보자. 정말 이상한 사람이 아니고서는 극장에 앉아서 2시간 동안 코미디 공연을 보며 안 웃으려 갖은 노력을 다할 사람은 없을 것이다.

두 번째 측면은 기술적인 요소의 중요성이다. 관객의 좌석마다 태블릿을 설치할 수 없었거나, 안면 인식과 '웃음 횟수' 및 최종 가격 계산 소프트웨어가 존재하지 않았거나 소셜미디어에 그 경험을 올릴 수 없었다면 웃음 횟수당 지불 방식은 실현되지 못했을 것이다.

상황 분석

결과 기반의 가격 결정 방식 또한 아주 오랜 옛날부터 존재했던 방식이다. 역사적으로 확실히 증명된 사실은 아니지만 전하는 바에 따르면 중국의 한 황제의 주치의가 황제가 건강하게 지낸 날수에 따라 봉급을 받았다고 한다.

21세기는 신기술의 발달로 성과 중심의 가격 결정 방식을 채택하기가 점점 더 쉬워지고 있다. 디지털 플랫폼과 머신러닝, 클라우드 컴퓨팅, 사물 인터넷을 결합함으로써 더 정밀한 솔루션을 생산해내고 고객의 필요를 더 잘 충족시키기 위해 고객의 상태를(건강도) 추적할 수 있게 되었다. 예를 들면 건강 부문에서 우리는 약이나 의료 기기, 혹은 특정 서비스의 효과를 센서를 활용해 측정하는 것이 가능해지는 날을 상상할 수 있다.

가격은 실제 결과를 기반으로 결정될 수 있다. 물론 이 경우에도 기술적으로 측정된 가치가 가격 단위로 환산될 수 있어야만 한다. 기본적으로 가격으로 표시되는 일반적인 이득과 다르지 않다. 따라서 이 가격 결정 모델을 채택하는 경우 고객은 결과와 인지된 가치를 기반으로 비용을 지불하게 된다. 그리고 가격이 고객이 인지하는 가치에 더 근접할수록 사업은 더 번창할 것이다.

결과에 수반되는 리스크는 상품이나 서비스를 제공하는 기업이 온전히 감당해야 한다. 결과가 없다면 수입도 없는 것이다. 고객은 신뢰할 수 있고 예측 가능한 결과에서 혜택을 얻는다. 그렇지 않다면 그들은 비용을 지불하지 않는다. 하지만 결과가 의미하는 것이 무엇일까? 시작점에서부터 해당 조직에게 있어 결과란 무엇인지 확실히 정의를 내려야 할 필요가 있다.

결과는 세 가지 요소에 의해 평가된다. 결과가 수익화 모델의 기반으로 적합하기 위해서는 무엇보다도 고객에게 중요하고 큰 가치를 제공할 수 있어야만 한다. 당연한 말 같지만 많은 기업은 이 점을 간과하고 그들이 본질적으로 관심을 두고 있거나 기술 우위를 지닌 상품이나 서비스의 특징에 초점을 맞춘다. 설사 그런 특징들이 그다지 중요하지 않거나 고객이 기꺼이 비용을 지불하도록 동기를 부여하지 못하는 '있으면 더 좋은' 기능에 불과한 것일지라도 말이다.

두 번째로는 '측정 가능'해야 한다. 조직과 고객은 실질적인 결과를 확인하기 위해 결과를 가장 잘 반영할 수 있는 한 가지 이상의 파라미터(매개변수)에 합의해야만 한다.

마지막으로 '독립적'이어야 한다. 기업과 고객, 제3자 모두 자신의 이득을 위해 결과를 변경할 수 없어야 한다. 이것이 객관적으로 보상 받기에 적합한 결과를 낼 수 있는 유일한 방법이다. 이제 결과 기반의 가격 결정 개념을 적용한 사례들을 살펴보자.

클릭 횟수에 따른 가격 지불 방식

광고 업계에서는 항상 광고의 영향력을 수치화하기가 어려웠다. "내가 광고에 쏟아붓는 돈의 절반은 헛되게 날아간다. 그런데 문제는 그 절반의 행방을 알 수 없다는 것이다"라고 한 세기 전 소매업계의 거물 존 워너메이커John Wanamaker는 인정했다. 그때부터 인터넷이 출현할 때까지 광고는 노출을 기반으로 한 전통적인 가격 결정 모델에 따라 웹에서 계속 판매되었다. 이를테면 균일가나 광고가 노출되는 횟수에 따른 가격 결정 모델을 채택하곤 했다. (즉, 광고가 웹사이트에 노출될 때마다 광고비를 지불하는 방식이다.) 하지만 시간이 흐를수록 사용자가 광고를 보고 반응하는 행동에 기반한 훨씬 더 혁신적인 가격 결정 모델이 등장했다. 오늘날에는 이런 형태의 모델이 전통적인 모델보다 널리 채택되고 있으며 더 큰 호응을 얻고 있다.

야후Yahoo!와 협상해 합의에 도달한 프록터앤드갬블Procter&Gamble이 그 봇물을 터뜨린 장본인이었다. 그 합의를 계기로 야후는 클릭 횟수를 근거로 광고의 가격을 책정하는 '클릭 횟수당 가격 결정 방식'을 채택했다. 그래서 사용자가 광고를 클릭할 때만 광고주가 야후에게 돈을 지불했다. 구글Google 또한 이 방식을 도입했다. 그에 따라 클릭 횟수 당 가격 결정 방식은 유료 검색 광고 분야에서 가장 널리 활용되고 있는 가격 결정 모델이 되었다.

오늘날 구글은 고객들에게 이렇게 선언하고 있다. "여러분은 사용자가 당신의 웹사이트나 직통 전화번호를 클릭할 때만 비용을 지불하면 됩니다." 이것이 구글이 그들의 연례 보고서에서 설명하고 있는 제안의 핵심적인 내용이다. "클릭 횟수당 가격이 책정되는 광고는 사용자가 구글에 올라와 있는 광고를 클릭하거나 혹은... 유튜브의 광고를 볼 때만 요금이 부과됩니다." (구글은 2006년 당시 16억 5천만 달러라는 기록적인 매입가에 유튜브를 사들였다.)

성과는 수익화 모델의 핵심이다. 과거에는 사용자의 관심을 *끄는* 것을 목적으로 균일 요금을 책정했다면 이제는 사용자가 실제로 광고를 봤는지 여부에 따라 과금되는 것이다. 구글은 여기서 한발 더 나아가 이제는 사용자의 클릭 횟수보다는 전환 여부에 따른 지불 방식을 선택할 수도 있다. 사용자의 행동에 따른 지불 방식으로도 알려진 전환에 따른 비용 지불 방식은 광고주가 사용자의 전환에 대해 비용을 지불하는 방식으로, 사용자가 배너에서 웹사이트로 이동해 들어가 실제로 상품을 구매하는 경우가 이에 해당한다. 이와 같은 수익화 모델들 덕분에 구글은 2020년에 1,470억 달러라는 기록적인 광고 수익을 올리는 데 성공했다.

킬로와트시에 따른 가격 지불 방식

풍력 발전에 투자하는 이들은 에너지를 생산하겠다는 유일한 목표를 가지고 있다. 만약 당신이 풍력 터빈 공급업체라면 생산되는 에너지의 양을 기반으로 가격을 책정하는 것은 어떨까?

이 논리에 따라 풍력 발전용 터빈의 선두 공급업체인 에너콘 Enercon은 꽤 혁신적인 가격 결정 기준을 채택하고 있다. 풍력 터빈이 실제로 달성한 연간 에너지 산출량을 기반으로 가격을 책정하고 있는 것이다. 이 기업은 고객이 에너지를 생산할 때만 비용을 받는다. 바람이 많이 부는 시기에 풍력 에너지 산출량이 많을 때는 고객들이 더 비용을 많이 지불하게 된다. 그리고 바람이 적게 부는 시기에는 에너지 산출량이 적어 비용을 적게 지불한다.

특이점이라면 에너콘이 고객의 사업 리스크를 공유하고 있다는 것이다. 에너콘은 실제로 리스크의 상당 부분을 떠안아주고 있다. 에너콘 파트너 콘셉트Enercon Partner Concept의 약자인 EPC로 불리는 이 규정 계약은 유지·보수와 지원, 수리 서비스를 포함하고 있다. 고객은 사용하는 터빈의 종류에 따라 기본요금을 지불한다. 이 기본요금에는 정기 정비, 사용성 보장, 예비 부품 제공을 포함한 수리, 운송, 24시간 원격 모니터와 같은 서비스가 포함된다. 특히 풍력 터빈 이용 후 처음 5년 동안에는 비용을 되도록 낮게 유지하기 위해 에너콘이 이 기간에 EPC 요금의 절반을 떠안아주기도 한다. 터빈을 이용한 지 6년째가 되면 고객은 다음의 공식을 적용해 전체 요금을 지불해야 한다. '비용 = 발생한 킬로와트시(kWh)×킬로와트시(kWh)당 가격'

고객들은 당연히 이 혁신적인 서비스와 가격 조건을 환영한다. 약 90%의 고객은 EPC 제안에 따라 계약을 맺는다. 이 개념이 성공하는 데 전제되어야 할 중요한 조건은 에너콘이 풍력 터빈의 작동 상태를 정확히 측정할 수 있어서 고객이 에너지 산출량을 임의로 조작하는 것이 불가능해야 한다는 것이다.

전등 사용 시간에 따른 가격 지불 방식

이케아Ikea, 월마트Walmart, 알디Aldi, 압코아Apcoa의 공통점은 무엇일까? 이 기업들은 모두 고객에게 주차 공간을 제공한다. (일부는 지하에 위치하거나 지붕이 있는) 이 주차 공간은 하루 중 일부 시간대에라도 전기 조명이 필요한 공간이다. 이 주차장들을 전통적인 방식으로 관리해 주는 업체들이 여러 곳 있다. 이 업체들은 새 전구 등의 예비 부품을 단위당 판매하고, 어떤 종류의 유지 보수 서비스이든 시간당 요금을 부과한다.

이 시장이 그렇게 차별화되어 있거나 경쟁이 치열한 시장이 아니라는 것은 쉽게 짐작할 수 있을 것이다. 여러 공급자의 서비스를 비교해 보기가 쉬워서 공급자들은 많은 압박을 받는다. 대부분의 경우 가장 낮은 가격을 제시하는 곳이 경쟁의 승자가 된다. 시장의 논리는 단순하다. 그러나 이케아가 원하는 것은 전구가 제공하는 불빛 그 자체가 아니다. 고객들이 조명이 밝게 켜져 있는 주차장에서 얻게 되는 자신감을 원하는 것이다.

'만약' 주차장의 조명 장치 중 하나에 문제가 발생하면 마트는 조명 장치를 교체하기 위해 기술자를 부를 것이다. '만약' 조명 교체 작업이 너무 오래 걸리면 고객들은 주차장이 안전하지 못하다고 불평하며 결국엔 다른 상점으로 발길을 돌릴 것이다. 그렇게 되면 그 기업은 수입을 잃게 된다. 공상과학 소설에서는 '만약 ~라면 어떻게 될까?'라는 가정이 공상과학의 세계를 창조하는 필요 충분 조건이다. 그러나 현실에서는 '만약 ~라면'이라는 가정은 결과를 생산해내지 못한다.

조명 공급업체는 거래하는 체인 마트의 관리자들과 이야기를 나누면서 그들이 제공하는 서비스의 진정한 가치를 깨닫고 게임의 규칙을 바꿔야 할 필요성과 함께 이것이 자신들에게 기회가 될지도 모른다는 현실을 인식한다. 그는 결과 기반의 새로운 가격 결정 방안을 가지고 마트 관리자를 다시 만난다. 그 가격 결정 모델은 주차장이 환하게 불을 밝히고 있는 시간에 따라 비용을 지불하는 방식이다.

만약 전구가 고장이 나면 마트는 비용을 지불하지 않아도 된다. 물론 전구는 항상 최상의 컨디션을 유지하고 있다. 공급업체는 관리팀을 보유하고 있고 관리팀에서 정기 점검을 한다. 이렇게 함으로써 상당한 비용 절감을 기대할 수 있다. 비상 근무조를 감축할 수 있고 고객인 마트는 자신들의 마케팅 일환으로 안전하고 환한 주차장을 보장할 수 있는 역량을 갖추게 된다.

그렇다면 마트의 주차장이 아니라 당신의 회사가 전구나 조명 장치를 구입하지 않아도 되며 소비한 만큼의 전기에 대해서만 비용을 지불하면 된다고 가정해 보자. 이는 부대 장비나 전구, LED 조명 등이 필요치 않다는 의미이다. 어떤 조명 장치도 소유할 필요가 없는 것이다! 그런 고민은 아예 하지 않아도 된다.

이것이 필립스Philips의 CEO인 프란스 반 하우튼Frans van Houten이 생각해낸 수익화 모델이 담고 있는 아이디어다. 그는 조명을 완전히 새로운 시각에서 이해하고 사무실에서 오랜 시간 전등을 사용하는 고객의 필요를 인식하고 있었다. 결국 고객이 관심을 두는 것은 상품 자체가 아니라 결과라는 것을 말이다. 고객은 다름 아닌 '그저' 불빛을 사고 싶을 뿐이다. 여기서 판매되는 대상은 결과인 불빛이지 상품 자체가 아니다. 그러므로 기업의 고객들은 조명 서비스를 전체적으로 관리(계획을 세우고 장비를 설치하고 장비를 점검 및 보수해주고 필요할 때 부품을 교체해주는 등)해 주는 것에 대한 대가로 필립스에 고정 요금을 지불하고 전기를 소비(결과)한다.

고객 맞춤 시스템은 에너지 절약형 조명 시설을 설치해 줌으로써 초기 비용을 절약해준다.

'한 번 설치하면 다시 돌아보지 않는' 접근 방식보다는 오랜 기간 지속적인 서비스 제공을 계획함으로써 가능한 한 가장 효율적이고 경제적인 방식으로 조명 시설이 제공되는 것이다. 그리고 이를 통해 에너지 절약형 조명 사용을 권장할 수 있게 된다. 그 외에도 또 다른 환경적인 혜택도 있다. 계약이 만료되었을 때 상품의 재사용이 가능해 폐기물을 줄일 수 있다는 것이다.

워싱턴 D.C.의 지하철과 영국 총학생회 연합, 그리고 네덜란드의 라우 건축Rau Architects은 이 모델을 최초로 채택한 선발 주자였다. "저희는 자재나 에너지 낭비를 막기 위해 가급적 건물의 자연광을 이용하는 미니멀리즘을 추구하는 조명 계획을 설계하기에 이르렀지요"라고 라우 건축의 사장은 설명한다. "센서와 제어장치가 결합된 시스템은 자연광의 발생량에 따라 인공조명을 켜거나 밝기를 조절함으로써 에너지 사용을 최소한도로 줄일 수 있도록 해주었습니다."

반면 사업적 관점에서 보자면 LED 조명에는 항상 단점이 있었다. 상품이 수십 년 동안 사용 가능하다면 기업 입장에서 어떻게 돈을 벌 수 있겠는가? 더 효율적인 기술이 시장에 등장하자 필립스는 이 솔루션을 고객에게 판매해야 한다고 판단한 것이다. 2014년에 〈포천Fortune〉은 필립스의 CEO 프란스 반 하우튼을 이 조명 혁신을 이끈 인물로 인정해 세계에서 가장 친환경직인 혁신가 25인 중 한 사람으로 선정했다.

돌 조각의 양에 따른 가격 지불 방식

원스톱 솔루션은 안전성과 효율성 측면에서 고객에게 더 많은 이득을 안겨줄 수 있을 뿐만 아니라 수익화 측면에서 수십 년간 변화가 없었던 부문에 혁신을 불러온다. 굴착 공사에 사용되는 산업용 다이너마이트의 경우도 이에 해당한다. 굴착 공사에서 이제까지 적용되었던 가격 결정 모델은 무엇이었나? 사용된 다이너마이트 개수만큼의 가격에 모든 서비스 비용을 합산한 것이었다.

산업용 폭약과 샌딩 시스템 제작에서 세계 선두를 달리고 있는 호주 기업 오리카Orica는 이 오랜 규칙을 버리고 이제는 채석장 작업자들에게 단일 솔루션을 제공하고 있다. 오리카는 '깨진 암석'의 상태나 암석이 조각난 정도를 고려해서 산업 폭약을 제공하는 것 외에도 암반을 분석하고 드릴링(천공)이나 발파 작업을 진행하기도 한다. 오리카는 고객들에게 쪼갠 돌을 제시하고 돌의 양을 달아서 톤당 비용을 청구한다. 그 결과 '락온그라운드rock on ground'라 불리는 서비스가 탄생하게 되었다. 이 서비스는 발파 작업으로 발생한 돌의 양이 고객에게 얼마만큼의 가치를 주는지와 긴밀히 연관되어 있다. 돌 조각의 양이 적을수록 굴착 작업은 더 빨리 그리고 더 쉽게 완료될 것이기 때문이다.

고객 맞춤 서비스인 만큼 가격 비교가 쉽지 않으며 효율성과 안전성뿐만 아니라 고객에게도 비용 면에서 이득이다. 고객들은 더 이상 샌딩 작업 때문에 걱정할 필요가 없다. 그 결과, 공급업체를 바꾸기가 더 어려워진다. 오리카는 새로운 디지털 블래스트IQ 프로그램 덕분에 "굴착 및 발파 작업의 전반적인 비용을 낮추고 생산성과 안전성을 높인 예측 가능하고 지속 가능한 향상된 서비스를 제공하게 되었으며,… 또한 고객이 더 나은 결정을 빠르게 내릴 수 있게 해 더 만족스러운 작업 결과를 얻을 수 있도록 돕는다"라고 말한다. 이는 구멍을 뚫는 폭약 판매에서 발파 관련 데이터의 지원을 받는 통합 솔루션 제공으로 사업을 전환한 사례다.

고객 데이터 분석을 통해 발파 작업에 영향을 미치는 요소들과 상황을 파악하는 것이 가능해졌다. 그래서 오리카는 발파 결과를 예측하고 수량화하고 모니터할 수 있게 되어 일정 범위 내에서 결과를 보장해준다. 따라서 채석장 및 광산 작업자들은 프로젝트를 어떻게 진행할 것인지에 대해 시간과 비용을 절약하면서 목표를 달성할 수 있는 결정을 내릴 수 있게 되었다. 이러한 가격 결정 모델이 등장하기 전에는 상상도 할 수 없는 일이었다.

건강 회복 여부에 따른 가격 지불 방식

질병을 치료하고자 비용을 지불하지만 만약 질병이 치료되지 않는다면 어떻겠는가? 우리는 실제 회복 여부와 상관없이 약을 사거나 진료비를 지불하는 데 익숙하다.

존슨앤존슨Johnson&Johnson은 영국 종양학 분야에서 결과 기반의 가격 결정 모델을 제안한 최초의 기업 중 하나였다. 항암 치료제가 효과가 없을 시 환자는 치료비 전액을 환불받는다. 다른 기업들 또한 이에 합세했다. 스위스의 다국적 제약회사 보슈Roche는 약이나 치료에 대해 비용을 청구하는 전통적인 방식과는 확연히 다른 개인화된 환불 시스템, 다시 말해 이 분야에서 특화된 모델을 제안하고 있다.

로슈는 이 새로운 모델을 채택함으로써 약의 효과가 복약 지도에 따라 달라질 수 있음을 인정하고 있다. 즉 환자의 당시 상태, 다른 약들과의 조합, 약에 대한 반응 등을 고려해야 한다는 것이다. 이렇게 해서 고객은 새로운 현실에 적응하고 있다. 로슈가 반응에 따른 가격 지불 방식이라고 부르는 이 방식은 정해진 기간 내에 특정 의약품으로 치료를 진행하는 것에 대한 환자의 반응을 기반으로 하고 있다.

간단히 설명하자면, 환자는 제약회사와 계약을 맺는 것이다. 제약회사는 치료가 성공적인 결과를 가져오지 못하는 경우 비용을 환불해 주는 것에 동의한다. 직접적으로든 중개인을 통해 간접적으로든 말이다.

2017년 제약회사 암젠Amgen과 건강 보험 회사 하버드 필그림Harvard Pilgrim은 그와 같은 유형의 협약을 맺었다. 하버드 필그림은 암젠의 (콜레스테롤 수치를 낮추어 심장마비의 위험을 줄여주는) 약 레파타Repatha로 치료를 받은 환자가 별다른 차도를 보이지 않는 경우 약값 배상을 보장해준다.

메드트로닉Medtronic의 CEO였던 오마르 이쉬락Omar Ishrak은 "자사의 유명 항균 타이렉스Tyrx가 심장 이식 수술을 받은 환자의 감염을 막지 못한 경우 병원이 감당해야 할 비용을 배상해주는 내용의 계약을 거의 1,000여 곳과 체결한 상태입니다"라고 강조했다. 메드트로닉은 미국의 대형 의료 보험사인 애트나Aetna와도 계약을 맺고 있다. 당뇨병 환자들이 메드트로닉의 의료 기기로 바꾸고 난 뒤 당뇨병이 호전되지 않는 경우 비용을 보상해 주기 위한 것이다. 이 외에도 다른 결과 기반의 계약들도 검토 중이다.

의료 기술 대기업인 메드트로닉만 이런 방안을 모색하고 있는 것은 아니다. GE 헬스케어GE Healthcare와 필립스도 실제 결과에 따라 비용을 청구하는 방식을 채택한 기업 중 하나다. 결과에 따른 수익화에 기반을 둔 계약이나 협력 관계로 나아가는 경향은 의료 서비스 부문에서 더 폭넓게 결과 기반의 치료로 전환하는 자연스러운 진화이다.

"의료 기술 기업들은 병원 및 의사들과 새로운 방식으로 협력해 나갈 기회를 적극적으로 모색하고 있습니다. 또한 이런 공급업체들은 새로운 비용 지불 모델을 통해 얻게 될 이득뿐만 아니라 그로 인해 져야 할 위험 부담도 공유할 수 있는 방법을 찾고 있지요"라고 미국 의료기기 산업협회AdvaMed의 헬스케어 정책 담당 전무 이사 돈 메이Don May는 말했다.

GE는 자사의 의료 장비와 항공 엔진, 파워 터빈, 그리고 다른 장비에 상호연결 디지털 센서를 활용하는 중요 계획의 실행에 나섰다. 이것은 그저 시작에 불과하다. GE는 모든 것을 디지털화하기 시작한 다국적 기업으로 결과 기반의 서비스를 제공하고 있어 고객들은 핵심성과지표KPI나 합의된 성과 지표를 기준으로 GE가 발생시킨 결과에 대해서만 비용을 지불한다. 그리고 이러한 변화가 결실을 맺고 있다. GE는 결과 기반의 서비스 제공을 통해 연간 20억 달러의 수입을 벌어들이고 있는데, 현재로서는 의료 서비스 사업 단위에서만 결과 기반의 서비스를 제공하고 있다.

이 방식은 폭넓게 적용될 수 있다. 메드트로닉의 타이렉스와 같이 조건부 가격 합의(품질 기준을 달성했을 경우 비용을 받지만 품질 기준을 달성하지 못할 시 비용을 받지 않는 것)에서부터 모든 것을 결과물과 연관을 지어 가격을 결정하는 사례들에 이르기까지 다양하다. 일부의 경우에는 환자가 비용을 지불하고 약이나 의료 기기를 소유하는 전통적인 거래의 가격 모델과 (기대한 결과를 얻지 못할 경우) 비용을 상환해 준다는 약속을 접목하는 경우도 있다.

위험도에 따른 보험료 책정

건강 부문에서는 새로운 가격 결정 기준을 이용할 수 있는 활용법들이 많이 존재한다. 예를 들어 스마트 시계와 센서가 내장된 특수 팔찌, 그 밖의 원격 진단 기기 등이 측정 기준을 제공하기도 하며, 이를 활용한 일부 건강 증진 활동은 보험료 할인의 형태로 인센티브를 받을 수도 있다.

영국의 건강 보험 회사인 AIG 다이렉트AIG Direct는 월 보험료를 계산하는 데 신체 질량 지수BMI를 기준으로 삼는다. 단, 보험 계약자가 특별히 높은 수준의 스포츠를 즐긴다거나 운동선수인 경우, 일반인보다 두드러진 근육 발달로 신체 질량 지수가 '왜곡될' 것이기 때문에 예외로 간주한다.

더욱이 가격 인센티브는 바람직한 행동에 대해 보상하고 바람직하지 못한 행동은 통제하기 위해 활용될 수 있다. 가격 인센티브를 단기나 중기, 혹은 장기적 목표 설정에 따라 회사별로 더 큰 맥락에서 적용할 것인지는 전적으로 우리에게 달려 있다.

가격 결정의 변화와 기업의 변화

이와 같은 유형의 수익화 모델은 구매자와 공급자 모두에게 매력적으로 다가갈 수 있다. 실제로 이러한 가격 결정 방식은 구매자의 삶을 단순하게 만들어주며 만약 고객이 보장된 결과를 얻어내지 못하면 가격을 지불하지 않으면 된다. 그리고 어떤 경우에는 위약금도 적용될 수 있다. 반면 판매자는 리스크를 감수하지만 고객의 문제를 해결해주면서 가치를 창출하고, 창출되는 가치에 따라 서비스의 가격을 결정한다.

이 같은 사업 방식을 채택함으로써 수익성을 추구하는 활동과 함께 어떻게든 장기적인 지원 및 유지·보수를 제공하는 계약을 맺으면서 고객과의 관계를 향상시킬 수 있다. 이것이 바로 일부 기업들이 결과 기반의 서비스에 대해 논하기 시작한 이유이다. 이 수익화 접근 방식에서는 거래 기반의 가격 결정 방식과 비교했을 때 그와는 다른 종류의 고객과의 관계를 요구한다.

고객과의 관계는 고객이 진정으로 해결하고자 노력하고 있는 문제가 무엇인지 알아내는 것에서부터 시작된다. 고객의 말에 귀를 기울이는 것은 아주 중요하다. 특히 그들이 원하는 것이 정확히 무엇인지 스스로 모르고 있으며(있거나) 기업이 무엇을 제공해 줄 수 있는지 모를 때는 더욱 그렇다. 고객의 말을 듣고 난 후 어떤 서비스를 제공하면 좋을까(우리 시대에는 흔치 않은 상품일 수도 있다)… 고객이 주 7일 24시간 서비스를 보장해주는 것을 원하는가? 아니면 수익을 극대화하는 것이 목표가 되어야 할까? 운영 규약과 위험도가 다른 다양한 시나리오가 존재할 수 있으므로 고객의 기대를 명확히 이해하는 것이 무엇보다 우선으로 이루어져야 하는 일이다.

수익화 모델로서의 결과에는 보고가 포함되기도 한다. 고객과의 지속적인 의사소통은 필수적이며 계약에서 명시되어야 한다. 이는 대출 담당과 금융 정보 담당에서부터 배기가스 배출량 데이터 담당에 이르기까지 여러 부서와 연관된 경우가 많다. 물론 기록을 남기고 잘못을 바로잡는 데 있어 업무상의 과실은 아주 중대하거나 불가피한 것이기도 하다. 확실히 관리되지 않으면 업무 과실은 고객과의 관계에 타격이 될 뿐만 아니라 커다란 재정 위험을 불러올 수도 있다.

서비스를 성공적으로 판매하고 원하는 결과를 제공하기 위해서는 초기 마케팅에서 서비스 전달에 이르기까지 사업 방식을 재고해야 한다. 일반적으로 영업 과정에서는 구매자와 판매자 양측 모두 여러 이해관계자와의 대화가 필요하다. 이 모델은 수익률이 훨씬 더 높은 경우가 많은 동시에 위험도 또한 높다. 영업 직원들은 그들이 판매하고 있는 결과물이 무엇인지 제대로 이해하고 있어야 하며 위험 비용뿐만 아니라 조직 전체에 서비스를 전달하는 비용을 보장해야만 한다. 전달 단계를 가장 마지막에 두어 남의 일인 양 신경 쓰지 않는 옛날 방식의 영업 모델(계약을 따낸 후 그대로 밀고 나가는)은 더 이상 가능하지 않다.

통합팀들은 가격 결정 과정에서부터 실제 서비스 전달에 이르기까지 고객에게 제공되는 서비스에 집중하며 협력해야 한다. 서비스의 모든 측면을 빠짐없이 정의하여 적절한 가격을 매겨야 한다. 결과 중심의 가격 결정 모델에서는 실패할 시 서비스를 중단해야 하는 기간이 발생해 비교적 단시간 내에 수백만 달러에 이르는 수입을 놓칠 수 있으므로 실패의 위험성은 이제 솔루션 제공자가 감수해야 할 부분이 된다. 이러한 위험성들은 평가되어 상품에 명확히 반영되어야 할 요소다.

공급업체들은 커뮤니케이션 및 피드백 체계를 구축해야 한다. 실패 가능성을 최소로 줄이는 동시에 고객의 피드백을 통해 학습한 내용을 서비스 개선에 반영하기 위해서다. 인센티브 계획은 전체 팀들이 성과 및 가치 창출에 대해 보상받을 수 있도록 조정되어야 한다. 고객의 관점에서 보자면 이는 계속 이어지는 흐름으로 비춰질 것이다. 내부적으로 이는 공급 업체에게 확실히 책임을 지우고 빠른 속도로 배우고 적응하는 능력을 개발시키기 위함이다. 생각해 보면 결국 이들은 '진화'의 개념에 수반되는 것들임을 알 수 있다.

요약

- 여러 국가와 대륙에서 다양한 분야의 기업들이 상품 거래 수익 모델을 버리고 고객에게 가져다주는 가치를 반영하는 결과에 따라 과금하는 가격 결정 모델을 기반으로 한 수익화 전략을 채택하고 있다.

- 과금 기준이 되는 결과로 인정받기 위해서는 적어도 다음의 세 가지 특성을 갖춰야 한다. 고객에게 아주 중요한 의미를 지녀야 하고 측정 가능해야 하며, 마지막으로 독립적이어야 한다.

- 결과의 예로 몇 가지를 살펴보자면, 엔터테인먼트 분야에서 웃음,

광고 분야에서 클릭 횟수, 에너지 공급 분야에서 킬로와트시, 그리고 의료 분야에서 건강 등이 있겠다. 이 가격 결정 모델은 구매자와 판매자 모두에게 이득이 된다.

- 구매자의 생활은 단순해진다. 고객이 보장된 결과를 얻지 못하면 비용을 지불하지 않아도 된다. 반면 판매자는 위험을 감수한다. 하지만 창출된 가치를 기반으로 서비스의 가격을 결정하고 그것이 수익화된다.

- 결과 기반의 가격 결정 모델은 고객에게 돌아가는 결과, 즉 가치, 혁신의 활용, 데이터, 신기술, 경험을 수량화하고 측정한다.

- 디지털화가 가속화되고 이렇게 결과를 기반으로 가격을 결정하는 분위기가 형성되면서 이루기 힘든 중요한 기업 문화의 변화가 요구될 수도 있다.

- 수익화 모델 전환, 또는 장기 계약의 영향으로 수익률이 증가하고 경쟁 우위를 확보하게 되는 것은 위험을 감수한 것에 대해 주어지는 보상이라 할 수 있다. 그에 더해 고객에게 그들이 '진정으로' 갈망하는 결과와 서비스를 제공함으로써 고객과의 관계를 공고히 하는 기회도 마련할 수 있다.

가격 결정의 기술

THE PRICING MODEL REVOLUTION

5장

심리적 가격 결정

"우리의 모든 지식은 인식에서 기인한다."

– 레오나르도 다빈치Leonardo da Vinci

사람들의 행동은 상품과 서비스의 가치와 그들 각각의 가격에만 달린 것이 아니라 사람들이 그것에 대해 어떤 '인식'을 가지고 있는가에 달려 있다.

> **인식(perception)** 〈명사〉 1. 인식하는 행위 – 외부적 요소인 감각 자극을 통해 인식한 사실을 심리적, 지적 과정을 통해 분석 및 해석하고 있는 상태.

올더스 헉슬리Aldous Huxley, 파벨 알렉산드로비치 플로렌스키Pavel Aleksandrovic Florenskij, 에른스트 마흐Ernst Mach, 그리고 게슈탈트 이론가들과 같은 수많은 문필가는 그들의 글에서 인식에 대해 언급한 바 있다. 더욱이 "우리는 어떤 것을 있는 그대로 보지 않는다. 우리는 그것을 우리 자신에 비추어 보게 된다"라고 바빌로니아의 성전인 《탈무드Talmud》에서는 말하고 있다. 그 후 독일의 철학자 임마누엘 칸트Immanuel Kant와 스위스의 정신분석학자 칼 구스타브 융Carl Gustav Jung, 그리고 프랑스의 작가 아나이스 닌Anais Nin과 같은 유명 인물들이 이 말을 인용하기도 했다.

사례

행동적 가격 결정은 이 개념을 받아들이고 고객이 비이성적으로 행동할 가능성을 인정하고 있다. 비이성적인 행동이 어떤 것인지 궁금한가? 여기 한 가지 사례를 살펴보자.

당신은 해변가에 몸을 누이고 모래사장 깊숙이 손을 넣은 채 눈을 감고 바다 내음을 맡고 있다. 자외선 차단제를 듬뿍 바르고 있으면서도 일광욕을 즐기며 '완벽한 순간'을 보내고 있다. 황홀한 카리브해 해변에 누워 기쁨을 만끽한다(이탈리아의 리미니 해변이어도 상관없다.) 무더운 하늘에 구름 한 점 없는 멋진 날이다. 사실 지난 두어 시간 동안 당신은 오로지 가장 좋아하는 얼음장같이 차가운 맥주 한 잔이 간절했을 뿐이다.

비키니 테스트가 있기 직전 (10번째 재시도였던) 다이어트를 하던 지난 여름날에 그랬듯이 사람들은 그것을 '식이요법'이라고 부른다. 자면서도 머릿속에서는 구운 치킨과 케이크가 날아다녔고 올해는 '아주 시원한' 맥주처럼 해변에서 더위를 식혀줄 것이 머릿속을 떠나지 않는다. 조금 전 당신은 최근에 벌어진 방화 사고와 기후 위기에 관한 기사를 읽고 있었다. 그러다 머리를 가로젓는다. 그 순간 생각을 멈추고 싶다. 조용히 주어진 휴식을 즐기고 싶을 뿐이다. 제발 아무 생각 없이 말이다. "모든 일이 잘 안 풀릴 거야."라고 당신은 생각한다. 확률적으로 그렇다는 것이다. 이것이 열 번째 머피의 법칙이다.

대신 우리는 이것을 알아야 한다. 우주는 항상 우리에게 거짓말을 하려 하고 필요하다면 인류에게 한 번 더 우리가 무지하다는 사실을 보여준다. 그리고 우리가 뭔가를 알고 있을 때조차도 우리는 그것을 혼란스럽게 만들고 우리에게 유리하게(혹은 불리하게) 그 의미를 바꿔버린다.

사실 머피의 법칙은 일이 잘못될 것이라 말해주는 법칙이 아니다. 우리가 그렇게 해석한 것일 뿐이다. 우리는 보통 사람들이 이르듯이 일이 예상한 대로 흘러가지 않을 것이라는 뜻으로 해석하고 있다. 그리고 그것은 수학 공식, 또는 이성적인 판단이라 간주되는 것을 이용해 기준을 세우는 제한된 능력을 갖춘 우리보다 세상이 훨씬 더 크다는 의미이다.

실제로 당신이 '차가운 맥주 한 병만 마실 수 있다면 얼마나 좋을까'라고 생각한 순간(가장 피해자적인 생각이 고개를 들려고 하는 순간) 한 친구가 전화를 하고 오겠다고 일어나며 "맥주 마시고 싶으면 사다 줄게"라고 말하는 것이다. 그러면 당신은 눈물이 나도록 감동해 친구를 얼싸안고 싶은 충동을 느끼며 크게 번거롭지 않다면 그렇게 해주겠느냐고 말한다. 친구는 당신을 바라보며 살짝 웃지만 거기서 멈춘다. 팬데믹이 우리에게 남겨준 유산 중 하나는 아마도 신체적 화합을 유도하지 않는 '적정 거리 유지하기'일 것이다. 그리고 당신은 친구가 근처에서 맥주를 사올 수 있는 유일한 곳이 고급 호텔임을 깨닫게 된다.

영악한 친구는 "맥주가 비쌀 거야"라면서 얼마를 지불할 의향이 있는지 묻는다. 당신이 이 순간 떠올린 친구가 남자이든 여자이든 (하지만 '이 자식'을 남자라고 가정하자) 이 상황은 당신에게 딜레마를 안겨준다. 그는 소설을 너무 많이 읽었고 십자말 퍼즐 광이라서 여기서 만족하지 않는다. 그는 몬티 홀 문제(미국의 TV 게임쇼로 세 개의 문 중 하나를 선택해 문 뒤에 있는 선물을 가지는 확률 게임: 역자 주)를 풀 때처럼 직관적인 해결책을 들고나오는 게 아닌가! 친구는 다음의 제안을 한다. 만약 맥주 가격이 당신이 친구에게 말한 가격과 같거나 더 싸다면 그가 맥주를 살 것이고 더 높다면 당신이 산다는 제안이다.

친구를 배려하지 않는 것을 전제로 바텐더와 협상할 수 없다면 해법은 무엇일까? 당신은 친구에게 얼마를 제시할 것 같은가?

사례 - 수정 버전
이번에는 똑같은 시나리오를 이렇게 한번 상상해 보자.

당신은 여전히 무더운 여름날 해변에 몸을 누이고 있다. 몇 시간째 아주 차가운 맥주 생각이 간절하다. 그때 한 친구가 전화하러 간다고 일어나더니 그 근방에서 유일하게 맥주를 파는 곳에서 맥주를 사다 주겠다고 제안한다. 그곳은 한 허름한 상점이었다.'

그렇다! 이 둘의 차이를 알겠는가? 무의식은 이미 알아차렸을 것이다. 동일한 시나리오지만 가능한 다른 상황이다. 단, 한 가지 작은 차이가 있을 뿐이다. 그 차이가 이 이야기에 어떤 영향을 미치는지 살펴보자. 여기서도 친구는 웃으며 당신에게 맥주 가격으로 얼마를 생각하는지 묻는다. 이 경우 친구에게 얼마라고 말하겠는가?

이 두 시나리오는 꽤 큰 표본 집단에 제시되었고, 그들은 평균적으로 허름한 상점에서 파는 맥주 가격에 비해 고급 호텔에서 파는 맥주 가격을 2배 높게 부르는 경향을 보였다. 경제적 관점에서 봤을 때 이는 이성적이지 못하며, 호모 에코노미쿠스homo economicus 이론이 기대하는 바와도 다르다. 맥주도 동일한 맥주고, 해변가의 온도도 동일하다. 게다가 친구가 당신을 위해 맥주를 사다 주는 가정이므로 두 개의 다른 판매처에서 직접 구입하는 것도 아니다.

분명히 심리적 요인은 지불 의사에 커다란 영향을 미친다. 상품에서 얻게 되는 가치의 결과만이 영향을 미치는 것이 아니다. 이와 같은 인식이 '고객이 항상 이성적으로 행동하지는 않는다'라는 행동 경제학의 근간을 이루고 있다.

고객의 비이성적인 면을 이용해 부정적으로 작동하는 가격 결정 전략은 행동 경제학적 가격 결정이라는 용어로 요약된다.

상황 분석 – 차이를 만드는 아홉 가지 가격 결정 규칙

행동 경제학적 가격 결정에서 우리는 기업이 고객에게 전달하는 가치를 목표에 맞춰 수익화하는 데 도움이 되는 기본 규칙을 발견하게 되었다. 여러 기업에 이 규칙을 소개했고 즉각 확실한 결과를 얻을 수 있었다. 일부의 경우 몇 가지 규칙이 동시에 적용되기도 했다. 그들 중 일부를 한번 살펴보자.

1. '준거 가격' 활용하기

형제인 매트와 해리는 뉴욕에서 양복점을 운영한다. 그들은 쾌활하고 기민하며 누구에게나 호감을 주는 일꾼이다. 영업 담당인 매트는 금발의 앞머리를 가지런히 내리고 갈색 눈을 가진 인물이었고, 재단사인 해리는 우울한 표정을 잘 짓는 평화롭고 주의 깊은 성격의 인물이었다.

그들은 셰틀랜드산 양털로 만든 우아하고 수수한 트위드 양복을 판매한다. 상점 중앙까지 연결된 작업대는 목제와 연철로 만들어져 있다. 전쟁 전 유럽의 연회장에서 보헤미안 스타일의 화려한 불빛 아래 긴 드레스를 입은 숙녀들과 콧수염에 왁스 칠을 한 신사들이 왈츠를 추던 이미지가 떠오르는 분위기다. 의자 위에 놓인 빨간색과 녹색이 섞인 타탄 무늬 직물로 짠 킬트에서도 과거 시대의 기억들이 묻어난다. 사실 매트와 해리는 친가 쪽에서 스코틀랜드 혈통을 물려받았다.

부드러운 침묵이 상점을 감싼 채 먼지 입자들이 공기 중으로 가볍게 떠다니고 햇빛은 상점 안 물건들을 비춰주고 있다. 작업대 위에 놓여 있는 가위는 다음 주문으로 들어오는 맞춤 양복과 남자 구두, 면 조각들을 바느질하기 위해 기다리고 있다. 그때 벨이 울리고 유리창이 달린 나무 문이 열리며 문 사이로 햇빛이 들이친다. 고객이 들어서며 "좋은 아침입니다"라고 인사한 뒤 모자와 액세서리가 진열된 2층까지 둘러본다. 상점 안을 둘러보던 고객은 한 재킷 앞에 우뚝 멈춰 선다.

그가 재킷을 마음에 들어 한다는 것을 알아챈 매트는 동생 해리에게 눈짓을 보낸다. 그러면 해리는 아래층으로 내려가 옷감을 가지고 오는 척하고 매트는 청력이 약간 떨어지는 척 연기하며 그 고객을 상대한다.

고객이 양복의 가격을 묻자 매트는 지하실 방향에 대고 외친다. "해리, 이 양복 얼마예요?" 해리는 지금 당장 위층으로 올라가서 봐줄 수 있는 상황이 아니지만 그게 만약 그가 생각하는 양복이 맞다면 "92달러"라고 대답한다. 그러자 매트는 잘 안 들리는 척하며 "얼마라고요?"라고 되묻는다. "92달러요." 해리는 지하실에서 다시 답한다. 그의 목소리는 마치 물밑에서 울리는 소리처럼 들린다. 그러면 매트는 고객에게 밝은 미소를 지어 보이며 이렇게 말한다. "42달러입니다, 손님." 그 말을 들은 고객은 1초도 머뭇거리지 않고 양복값을 지불하고 사라져 버린다.

이 이야기가 우리에게 주는 가르침은 무엇일까? 고객은 매트와 해리가 놓은 덫에 걸린 것이다. 그들은 스코틀랜드 출신이라서 아주 영민하다. 아마 악마에게 불도 팔 수 있을 것이다! 그러나 고객이 양복의 품질조차 확인하려 하지 않은 것 또한 사실이다... 그는 호모 에코노미쿠스의 게임 이론에서 예상되는 가격 비교조차 하지 않았다.

우리가 추정한 것과는 반대로 이런 식의 구매 결정은 자주 이루어지며 신중히 비교한 끝에 구매 결정이 내려진다기보다는 충동적이며 드물지 않게 일어나는 비이성적인 선택의 결과인 경우가 많다.

사람들은 그 순간에 느끼는 분위기에 따라 가격이 높거나 낮다고 평가한다. 예를 들면, 사람들은 똑같은 와인을 맛보았는데도 더 비싼 가격표가 붙어 있는 와인의 '맛이 더 좋다'고 말한다. 터무니없다고 생각하겠지만 맥주를 파는 곳이 비싼 호텔인지 허름한 상점인지에 따라 맥주 가격을 다르게 생각했던 앞서 등장한 사례를 생각해 보라!

그래서 일부 기업들은 최적의 가격 결정 전략을 수단으로 수익을 극대화하는 방법을 찾기 위해 수년간 고객의 행동을 연구해온 것이다. 지불 의사를 측정하는 혁신적인 방법들, 혹은 판촉 행사 및 가격 인하에 대한 반응 예측하기 등이 이 분야에 해당한다.

가격 결정의 또 하나의 유명한 사례는 〈이코노미스트The Economist〉의 사례이다.

〈이코노미스트〉지는 가격에 대한 실험을 진행하기 위해 구독자를 두 그룹으로 나누었다. A 그룹에는 두 가지 선택지를 제시했다. 59달러에 온라인 잡지를 정기구독하거나 125달러에 온라인과 종이 잡지 모두를 정기구독하는 안이다. B 그룹에는 세 가지 선택지를 제시했다. 59달러에 온라인 잡지를 정기구독하거나 125달러에 종이 잡지만을 정기구독하거나 아니면 동일한 가격에 온라인과 송이 잡지 모두를 정기구독하는 안이다. 이 제안에서 유일한 차이점은 종이 잡지의 정기구독료였다.

이와 같은 가격 결정의 효과는 온라인 잡지를 거의 무료로 끼워 주는 것처럼 보이게 해 온라인 플러스 종이 잡지의 패키지 구독료를 아주 합리적으로 보이게 한다는 것이었다.

B 그룹에서는 84%의 사람들이 온라인 플러스 종이 잡지 패키지 구독을 선택했지만, A 그룹에서는 32%만이 온라인 플러스 종이 잡지 패키지 구독을 선택한 것으로 나타났다. (표 5.1 참조)

다시 한번 이 두 사례가 가격 결정의 힘을 보여주고 있다. 가격 인식에 영향을 미침으로써 고객이 어떤 선택을 하는 데 참고가 되는 금전적인 기준을 만드는 것이다. 금전적 기준이 올라가면 필연적으로 더 높은 가격을 받아들이게 된다. 이처럼 앵커링은 가격 기준점을 세우는 이들이 그들에게 유리한 방향으로 기준을 세울 수 있게 한다. 어떻게 그럴 수 있는 걸까? 바로 고객의 지불 의사에 영향을 미침으로써 그것이 가능해지는 것이다.

표 5.1 가격 앵커링이 고객 선호도에 미치는 효과

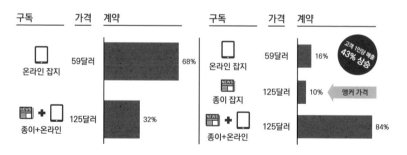

2. 프린터/카트리지 모델을 활용해 구매 저항 제거하기

B2C와 B2B 고객 모두에 관한 우리의 연구는 구매에 있어 가장 중요한 장벽 중 하나가 초기 지출 비용임을 보여주고 있다. 상품의 전체 사용 주기를 통틀어 들어가는 총비용을 고려하는 것이 마땅하지만 초기 지출 비용은 여전히 판매 시 뛰어넘어야 할 가장 큰 장애물로 남아 있는 것이다.

우리가 프린터 생산 업체이고 주력 상품 판매 외에도 카트리지도 판매하는 회사라고 가정해 보자. 우리는 특수 잉크 카트리지가 장착된 새로운 프린터를 시장에 출시하는 단계에 와 있다. 그리고 표적 고객이 프린터뿐만 아니라 매달 카트리지도 요구한다고 가정해 보자. 가격 결정 면에서 회사의 마케팅팀은 두 가지 가격 결정 모델을 제안한다. 첫 번째 모델은 한 달에 프린터 이용료 510달러에 카트리지 한 개당 20달러를 제시하고, 두 번째 모델은 프린터 이용료 150달러에 카트리지 한 개당 50달러를 제시한다.

12개월을 기준으로 계산했을 때 프린터와 카트리지 이용료가 750달러로 동일하다. 그래서 합리적인 고객이 두 가지 옵션이 있다는 사실에 그다지 관심을 보이지 않는다고 할지라도 연구 결과는 두 번째 가격 결정 모델이 승자임을 보여주고 있다. 요구되는 초기 비용이 더 낮기 때문이다. 따라서 고객은 어쨌든 비용을 절약하게 되었다고 믿는다. 이는 여러 달에 걸쳐서 지불하는 비용 배분의 문제일 뿐이다. 그리고 시간과 절약/투자에 대한 인식의 문제인 것이다.

면도기와 면도날의 경우도 마찬가지이며, 커피 머신과 캡슐 커피, 그리고 수익 손실을 입으면서 판매하는 적재용 트럭에 이르기까지 모두 사후 서비스 및 부속 제품 판매로 돈을 벌기 위한 것이다. 이들은 대체로 상관관계에 놓여 있는 상품들이다.

초기 비용이 더 낮은 쪽을 선택하게 되는 동기는 B2C와 B2B 모두 심리적 관점에서 구매 시점에 지불하는 비용으로 받게 되는 타격이 제품 사용 중 축적되는 비용으로 받게 되는 타격보다 더 크다는 것이다. 구매 시점에 지불하는 비용은 전문 용어로 말하자면 '소유 비용'이다.

이런 이유로 가격 결정 전략에 따라 낮은 초기 비용으로 유인해 고객을 확보하는 경우가 많은 것이다. 이 경우 여러 종류의 변동 비용이 따르게 된다. 이것이 고객의 상품 사용 주기 관리의 핵심이기도 하다. 그 예로 IT 부문의 여러 기업은 그들의 상품을 가장 초기 버전으로 판매하고 그 후에는 같은 고객이 이전에 구매한 상품보다 더 비싼 상품을 사도록 유도하는 '업셀링upselling' 방법으로 발전된 버전을 판매한다. 면도날이나 캡슐 커피, 부품과 같은 상호보완적 제품을 판매할 수 있는 기업들은 이 가격 결정 모델을 따르면 큰 성과를 얻게 될 것이다.

3. '경계 가격'을 활용해 최대 지불 의사 끌어내기

무의식이 구매 행동에 큰 영향을 미친다는 사실을 고려했을 때 가격 결정의 답은 다음의 질문에 답해 봄으로써 얻을 수 있다. 고객은 가격을 어떻게 인지하는가? 가격이 고객의 머릿속에서 어떤 반응을 불러일으키는가? 행동 과학을 전공하는 학생들과 경제학자들은 오랫동안 이 질문에 대한 답을 찾기 위해 노력해왔다.

1.99달러라는 가격은 2달러보다는 1달러를 지출하는 느낌을 더 많이 준다는 사실을 우리는 알고 있다. 그 이유는 무엇일까? 이 현상

은 '숫자 인지'의 관점에서 설명될 수 있다. 사람들은 소수점 이하 자릿수가 있는 숫자들을 심리적 한계선을 기준으로 판단하는 경향이 있다. 게다가 아라비아 숫자(우리가 매일 보는 가격 숫자들은 완벽하게 채워지지 않은 숫자인 경우가 많다)를 숫자 순서대로 받아들인다. 즉, 왼쪽에서 오른쪽으로 가격을 훑어서 읽는다. 실제로 휘발유 가격과 같은 가격은 종종 9로 끝난다. 1ℓ에 1.799달러인 휘발유 가격은 자동차를 가득 채우면 60ℓ로 총 107.94달러가 나온다. 가격이 1.8달러라면 자동차를 가득 채우는 데 108달러가 들 것이다. 절약되는 금액이 겨우 6센트에 불과한데도 운전자들은 (6센트 차이에 사로잡혀) 돈을 절약할 수 있는 더 싼 주유소를 찾아 더 먼 길로 돌아갈 의향이 충분히 있을 것이다.

가격이 '심리적 한계선' 아래에 있다면 제공되는 이점이 크지 않을 때조차도 선호도를 조작할 수 있게 된다. 우리는 가장 저렴해 보이는 주유소를 찾아다니느라 결국은 시간과 돈을 허비하는 경우를 자주 본다. 고객은 마음속에 '가격 한계선'을 가지고 있는 경우가 많다는 점을 알아둘 필요가 있다. 즉, 99.99달러와 99달러, 100달러를 비교해 볼 때 인지되는 차이는 1센트나 1달러 훨씬 이상의 것임을 암시하고 있다.

시간이 지날수록 많은 시장 연구들은 50달러 한계선에 대해 규명해냈다. 50달러보다 49.99달러로 가격을 매기는 것이 50달러를 지불할 준비가 되어 있지 않고 경계 가격을 지키고자 하는 일정 비율의 고객을 확보하기 쉽다는 것이다. 이는 판매량 감소나 기업의 가격 책정 이미지에 손상을 겪지 않고 가격을 올리는 것이 가능함을 의미하기도 한다.

예를 들면, 유명 껌 생산 업체가 껌 한 개를 1달러의 경계 가격 대비 92센트에 판매하다가 경계 가격의 한계선인 99센트까지 가격을 인상하려고 한다면 그들의 가격 책정 이미지에 아무런 피해를 주지 않고 판매되는 껌 한 개당 7센트의 수익을 가져오게 될 것이다. 그리고 숫자의 법칙에 따라 우리는 판매량이 크게 증가하면 7센트는 몇 년 만에 수백만 달러의 총 수익으로 불어날 수 있음을 알고 있다.

4. 타협 효과를 활용해 고객 선택 유도하기

도시 중심부에 자리 잡은 와인 바에서는 와인과 초콜릿을 내놓는다. 큰 와인 바에서는 그 지역의 와인과 이탈리아산 와인, 그리고 세계적인 와인들을 진열해 놓고 있다. 와인 두 병을 고객들에게 다음의 가격에 제공한다고 가정해 보자. 비교적 비싼 와인은 50달러에, 저렴한 와인은 10달러에 제공하는 것이다. 이때 가격을 인하하거나 판촉 행사를 하지 않고 소비자의 선택을 유도해 와인 판매를 크게 증대시킬 방법은 없을까?

이에 대한 답은 타협 효과를 활용하는 것이다. 타협 효과는 상품의 특성이 선택 범위에서 양극단에 놓여 있지 않을 때 상품군 내에서 선택받게 될 가능성이 커지는 것을 말한다. 와인의 경우에는 최고가의 최상급 와인이나(모 아니면 도의 정신으로) 최저가의 와인은 선택받을 가능성이 작아진다는 것이다. 타협 효과는 하나의 활용 예이다. 사실 '또는'을 더 포괄적이고 대체 가능한 '그리고'로 바꾸기만 하면 되는 것이다.

이를테면 와인 한 병을 30달러에 판매하는 것이다. 이렇게 하면 수익률이 상승해 매출은 더 증가한다. 가격에 더 민감해서 10달러짜리 와인을 사려고 하는 고객과 더 유명한 제품을 선호하여 50달러 짜리 와인을 선택하는 고객이 항상 존재하는데도 대다수의 고객은 30달러짜리 와인이 있다는 것에 감사하며 중간 가격의 제품을 선택할 것이다. 그것이 심리적으로 가격과 품질 사이의 '적정한 타협점'으로 인식되는 선택인 셈이다.

5. 품질의 척도로서 가격 활용하기

고급 핸드백 브랜드인 델보Delvaux는 가격을 크게 인상한 덕분에 루이비통Louis Vuitton에 필적할 만한 이미지를 구축하는 데 성공했다. 품격 있는 상표를 만들고 가격을 20% 인상한 위스키 생산 업체 시바스 리갈Chivas Regal도 마찬가지이다. 두 경우 모두 수익률이 증가해 매출이 크게 향상되었다. 이와 같은 결과는 가격이 상품이나 서비스 품질의 척도라는 사실에서 비롯된 것이다. 높은 가격이 높은 품질을 의미하고 낮은 가격이 낮은 품질을 의미한다는 것이다.

이런 생각에 쉽게 영향받는 고객은 주로 해당 상품에 그다지 익숙하지 않은 고객들이다. 상품의 품질과 가격에 대해 잘 모르는 고객들은 그들에게 지침이 되어줄 척도를 찾는다. 따라서 높은 가격을 더 나은 품질과 연결 짓게 된다. 이러한 경향성은 일부 의료용 제품에 관한 연구에서 확인된 바 있다.

가격에 상응한 품질 향상이나 가치의 상승 없이 가격을 크게 인상하는 것은 위험성이 따르므로 권장하지 않는 일이다. 가격은 강력한 지표이므로 정확하게 활용되어야 한다. 의심이 든다면 가격을 높게 책정하는 쪽이 항상 더 유리하다. 항상 높은 품질 인식에서 가격을 낮추는 편이 낮은 품질 인식에서 가격을 인상하는 것보다 더 쉽다.

6. 판매 촉진을 위해 재고 부족 상황 조성하기

충동구매는 인위적으로 조성된 상품 부족 상황에서 발생한다. 미국 수 시티Sioux City의 한 마트에서 진행한 실험이 이를 증명해 주고 있다. 앤디 워홀Andy Warhol은 1962년 32개의 캔버스에 합성고분자 페인 트로 캠벨 수프 깡통을 나란히 줄 세워 그린 그림으로 캠벨 수프 Campbell's soup라는 브랜드를 후대에까지 널리 알렸다. 그림에는 당시 시장에 출시되어 있었던 모든 종류의 수프가 포함되어 있었다. 마트 에서는 캠벨 수프의 가격을 할인해서 판매했다. 어떤 날은 '1인당 최 대 12개까지 구매 가능'이라고 안내문을 붙여 놓기도 했다. 또 어떤 날은 '1인당 무제한 구매 가능'이라고 붙여 놓았다. 결과적으로 개수 제한이 있을 때는 고객들이 평균 7개의 수프를 구매했고, 이는 제한 이 없는 날에 비해 구매량이 두 배 높은 것이었다.

　이제 옷 가게에 갔다고 상상해 보자. 운이 좋게도 우리가 가장 좋 아하는 브랜드의 청바지(맞다, 바로 그 청바지 말이다)를 팔고 있고 다음 주에는 10% 할인을 한다고 한다. 하지만 맞는 사이즈를 사야 하므 로 난감한 문제에 봉착한다. 우리가 찾는 사이즈의 청바지는 두 벌밖 에 남아 있지 않다. 그렇다면 어떻게 해야 할까? 원하는 사이즈의 청 바지를 확보하기 위해 지금 사야 할까, 아니면 원하는 사이즈를 놓칠 위험 부담을 안고 10% 가격 할인을 받기 위해 다음 주까지 기다리는 게 좋을까?

　한 연구에서는 이 시나리오에서 수량 부족의 정도를 달리해서 변수로 삼았다. 향후 할인(할인율이 낮은 경우: 10%, 할인율이 보통인 경우: 25%, 할인율이 높은 경우: 50%)이 예정되어 있고 수량 부족이 심한 경우(단 2벌이 남아 있는 상황)와 수량 부족이 심하지 않은 경우(10벌이 남아 있는 상황)로 나누어 구매율을 살펴보았다.

수량 부족이 심할 때 구매 의사는 즉시 34% 증가했다. 그에 더해 예정된 가격 할인의 할인율이 낮으면 정가에 즉시 구매할 가능성은 증가했다. 또한 가격 할인율이 높고 수량이 부족한 상황에서도 즉시 구매할 가능성은 마찬가지로 높았다. 따라서 가격 할인율이 높고 수량 부족이 심하지 않은 상황이 겹쳤을 때는 기다렸다가 구매하는 쪽을 선호한다.

이와 같은 실험들은 인간이 얼마나 취약한지를 보여준다. 예를 들어 아마존 웹사이트에서 베스트셀러 도서가 '단 2부 남아 있다'고 표기해 놓는 것은 분명 제공 서비스와는 상관이 없으며 재고량을 보여주는 것이 전자 상거래에서 차별적인 요소가 될 뿐이다.

여러 연구에서 확인할 수 있듯이 고객은 무심하거나 임의적인 태도로 상품을 판단한다. 어떤 경우에는 정가에 가위표가 그려지고 그 옆에 더 낮은 가격이 적혀 있는 시각적인 자극에 영향받기도 하고, 또 어떤 경우에는 위의 경우에서와 같이 충동구매를 유도하기 위해 재고 수량을 줄이는 것에 영향을 받기도 한다. 일상생활 속에서 사려 깊게 행동하는 소비자들은 수량이 얼마 안 남았다고 상품을 여러 개 구매하거나 할인 행사가 정말 가격이 더 싼 것인지 확인하지도 않고 구매하지는 않을 것이다.

7. 구매 장벽을 깨기 위해 승리감 활용하기

고객은 보통 얼마나 많은 부분이 판매자의 전략에 의해 조종당하고 있는지 느끼지 못한다. 이는 인간의 뇌 속에서 일어나는 일련의 무의식적 과정 때문이다.

노벨 경제학상 수상자인 대니얼 카너먼Daniel Kahneman과 같은 학자들은 다음의 사실을 입증해 준다. 상실에 대한 정서적 반응(대가 지불)은 이를테면 새 차를 소유하게 되었을 때 느끼는 기쁨과 같이 뭔가를 얻었을 때의 반응보다 훨씬 더 강력할 수 있다. 이와 같은 정서적 불균형이 불합리해 보일 수 있는 특정 '가격 결정 구조'를 설명해주는 이론의 중심에 놓여 있다.

자동차를 구입하면 지급해주는 캐시백 제도가 그 예 중 하나라 할 수 있다. 만약 30,000달러짜리 자동차를 구입하면 2,000달러의 캐시백을 장려금으로 지급 받게 된다. 이 이론에 따르면 구매자는 (자동차를 구입하는 데 30,000달러를 지출했으므로) 상실감을 느끼지만 새 차의 소유권을 얻게 된 것보다 장려금을 받았다는 승리감을 훨씬 더 강하게 경험하게 된다는 것이다.

보통 은행 계좌 이체나 수표로 지불하는 고객이 2,000달러의 캐시백을 받게 되면(결제한 순간에 현금이 직접 손에 쥐어지는 것이나 마찬가지이므로) 이 장려금에서 오는 승리감은 지불한 찻값으로 인해 느끼는 상실감을 훨씬 뛰어넘는다. 생각해 보면 이는 지극히 평범하고 누구에게나 일어날 수 있는 일이다. 30달러를 지불하고 2달러를 받는 것이다. 하지만 마치 (28달러를 지불하지 않고) 2달러를 받기만 한 것처럼 느껴지는 것이다. 이 얼마나 단순하고 우둔한 인간인가!

지금부터 이야기할 이 이론은 이상하게 들릴 수도 있겠지만 사실로 입증된 것이다. 그게 아니라면 어떻게 가격표에 그렇게 고가의 가격들이 적혀 있으면서도 실제로 그 가격을 지불하는 사람은 없단 말인가?

상품 가격을 100달러로 정하고 25달러를 할인하는 것보다 상품을 75달러에 판매하는 것이 더 합리적일 것이다. 그런데도 고객들은 할인을 받았을 때 내심 승리감을 느끼게 된다. 그래서 많은 기업은 계속해서 가격을 인하해서 판매할 것을 염두에 두고 가격표에 가격을 많이 올려서 표기하는 것이다. 즉, 고객에게 세일을 가장해서 판매하는 것이다. 구매를 조장하는 것은 다름 아닌 승리감이다. 그리고 그 승리감을 불러일으키는 것은 가격 인하이다.

8. 할인율 표기 vs. 할인 금액 표기

만약 가격이 85달러인 상품을 70달러로 할인해서 판매하기로 한다면 가격 인하를 어떻게 표기하는 게 가장 유리할까? 15달러라고 할인 금액을 표기하는 게 나을까, 아니면 18%라고 할인율을 표기하는 게 나을까?

여러 연구를 통해 절대적인 가격으로 치면 동일한 인하 금액이더라도 그것이 다른 가격에 적용되었을 때 고객의 반응이 다르게 나타난다는 결과를 확인할 수 있다. 그 예로 다음 실험을 살펴보자. 한 고객이 125달러짜리 재킷과 15달러짜리 계산기를 구입하는 상황이다.

계산기 판매자는 즉시 고객에게 동일한 체인점에 속해 있는 판매처에서 최신 모델이 겨우 10달러에 판매되고 있다고 알려준다. 그곳은 운전해서 가면 20분 거리이다. 가격의 33%가 인하된 것으로(15달러 중 5달러이므로), 68%의 고객들이 할인을 받기 위해 차를 운전해서 갈 의향이 있는 것으로 나타났다.

그러나 마찬가지로 재킷 판매자가 고객에게 똑같은 재킷을 동일한 체인점에 소속되어 있는 (자동차로 20분 거리의) 다른 판매점에서 120달러에 살 수 있다고 귀띔해주면 단 29%의 고객들만이 4%의 할인, 즉 125달러 중 5달러를 할인받기 위해 차를 운전해서 갈 의향이 있는 것으로 나타났다.

그러므로 저렴한 가격에 판매되는 상품의 할인은 상대적인 표기법인 퍼센트로 표기하는 것이 판매에 더 유리하다 할 수 있겠다. 반면 고가로 인식되는 상품들의 경우에는 절대적인 할인 금액으로 표기하는 방식을 선호하는 것으로 나타났다. 따라서 재킷의 경우처럼 가격이 100달러가 넘는다면 할인율보다는 절대적인 할인 금액을 표기하는 편이 좋다.

고급 상품을 할인할 때는 더 주의해야 할 필요가 있다. 구매자들이 기업 간에 가격 경쟁을 벌일 것이라 기대하지 않는 고급 상품이 할인을 하게 되면 (역설적이게도) 고객의 관심을 가격으로 돌려 가격이 구매 기준이 되어 버린다. 반대로 고객이 구매 기준으로 가격에 더 많은 가치를 두는 경우에는 저렴한 상품들이 낮은 품질이더라도 갑자기 수용 가능한 대안이 된다.

그 연장선에서 고급 제품의 할인으로 고객들은 더 낮은 품질의 상품들로 눈을 돌리게 되는 것이다. 하지만 그 반대의 상황은 결코 일어나지 않는다.

9. 시각적 디자인으로 가격 인식에 영향 미치기

"보기 좋은 떡이 먹기에도 좋다"라는 말이 있다. 이는 가격에도 적용되는 말이다. 글자 크기, 색상, 그리고 특가 판매 문구 등의 모든 요소가 가격 인식에 영향을 미친다.

판촉 행사를 관리하는 전형적인 방법은 이를테면 시작 가격에 비해 할인가를 더 큰 글자로 표기함으로써 낮은 가격이 시선을 끌도록 만드는 것이다. 하지만 이것이 가장 권장되는 접근 방식은 아니다. 왜냐하면 심리적 관점에서 봤을 때 더 큰 글자로 쓰인 높은 가격에 비해 더 낮은 가격을 더 작게 쓰인 숫자와 연결 짓기가 더 쉽기 때문이다. 어떤 분석에서는 할인된 가격이 원래 가격보다 작은 글자로 제시되었을 때 고객이 할인 행사를 한다는 인식을 가지게 되어 구매에 대한 관심을 높이는 긍정적인 2차 효과를 불러온다고 지적하기도 한다.

색상 또한 구매자들의 관심을 끄는 요소다. 예를 들어 당신이 남성이고 가격이 빨간 글씨로 쓰여 있으면 당신은 이것을 더 좋은 조건의 할인가로 받아들일 가능성이 높다.

일반적으로 사람들은 정보를 처리하고 판단을 내릴 때 두 가지 경로, 즉 시스템적 접근법이나 발견적 접근법을 따른다. 시스템적 접근법에서는 세심한 평가를 기반으로 스스로 의식하면서 판단을 내린다. '경험에 근거한 척도'가 적용되고 그럴듯한 가설이 따라올 때 우리는 발견적 판단을 내리게 된다. 시스템적 접근법이 큰 인지적 노력을 요구하는 반면 발견적 접근법은 더 손쉬운 정신적 과정이다.

마지막으로 판단을 내릴 때 어떤 접근법을 선택하는 것이 가장 좋은지는 우리가 그것에 얼마나 깊이 관여하고 있는가에 달려 있다. 이를테면 일부 연구에서는 일반적으로 발견적 판단을 유도하는 광고에서 주어지는 정보를 처리할 때는 사람들의 관여도가 낮은 것으로 나타났다.

여기서 살펴본 연구에서는 실험 참가자들에게 토스터와 전자레인지 광고를 보여주었다. 의미 구분 차원에서 광고 문구는 검은색으로 적고 가격은 빨간색으로 적어 강조해서 보여주었다. 그 결과를 요약하자면, 가격을 빨간색으로 보여주면 남성들은 그것을 할인가로 인식한다는 것이다.

남성을 타깃으로 한 이 특정 연구를 통해 알 수 있는 사실은, 검은색으로 적혀 있는 동일한 가격과 비교했을 때 어떤 경우에도 빨간 글자로 적힌 가격을 보면 더 긍정적인 감정이 연상된다는 것이다. 그렇더라도 더 관여도가 높은 결정을 내려야 하는 상황으로 바뀌자 빨간 글자의 효과는 사라져버렸다. 반면 여성들의 경우에는 가격을 어떤 색상으로 표기하든 그다지 영향을 받지 않는 것으로 나타났다. 가격의 색상을 달리해서 진행한 실험에서 인식의 변화는 관측되지 않았다.

만약 모든 진실이 밝혀진다면... 할인 행사가 진행될 때 얼마나 많은 사람이 그들이 구매한 상품이 진짜 할인된 가격이 아닐지도 모른다는 의심을 품게 되겠는가? 이를테면 '할인'이라는 문구를 가격표에 붙여서 가격 인하를 암시하는 것만으로도 판매량이 증가한다는 사실은 이미 입증되었다. 따라서 할인율이 미미한 상품들과 할인율이 높은 상품들을 섞어서 판매함으로써 수익률을 높일 수 있다.

요약

• 행동 경제학적 가격 결정은 상당한 영향을 끼칠 수 있다. 이성적인 판단과 더불어 구매 행동을 결정하는 데에는 여러 가지 비이성적 요소들 또한 존재한다. 이는 B2C와 B2B 상황 모두에 동일한 정도로 적용된다.

• 행동 경제학적 가격 결정에서는 기업이 고객에게 가져다주는 가치를 수익화할 수 있도록 도와주는 몇 가지 기본 규칙이 있다.

1. '준거 가격' 활용하기

2. 프린터/카트리지 모델을 활용해 구매 저항 제거하기

3. '경계 가격'을 활용해 최대 지불 의사 끌어내기

4. 타협 효과를 활용해 고객 선택 유도하기

5. 품질의 척도로서 가격 활용하기

6. 판매 촉진을 위해 재고 부족 상황 조성하기

7. 구매 장벽을 깨기 위해 승리감 활용하기

8. 할인율 표기 vs. 할인 금액 표기

9. 시각 디자인으로 가격 인식에 영향 미치기

• 지금까지 살펴본 아홉 가지 전략들은 실용적인 영감을 선사한다. 하지만 실제 상황에 적용하기에 앞서 법적인 문제가 발생할 소지가 없는지 확인해 보는 것이 좋다.

6장

동적 가격

"우리는 항상 할인 판매가 진행되기를 원하며 가격은 (기본적으로) 할인율을 높이거나 낮추기 위해 이용되는 것이다... 이는 시장에서 과거부터 이어져 온 관행이다."

– 트래비스 칼라닉Travis Kalanick, 우버Uber CEO 겸 공동 창립자

사례

코로나가 종식되고(모든 것은 언젠가는 끝나니 말이다) 국경이 다시 개방되고 다리를 놓는 대신 장벽을 세우기를 원하는 이들의 제약에서부터 자유로워졌을 때, 다시 여행이 자유로워지고 세계 이곳저곳을 돌아다니며 요한 세바스찬 바흐Johann Sebastian Bach의 하프시코드 연주회에 가거나 망설임 없이 비행기를 타고 밀라노와 텔아비브 사이를 오가게 되면 우리가 '세계'라는 단어에 대해 가지고 있었던 개념이 다시 현실이 됨을 의미할 것이다. 빠른 이동과 교환이 실제 행동으로 가능한 하나로 연결된 세상 말이다.

출장이든 휴가든 다음 여행을 계획하고, 새로운 미래를 꿈꾸고 여러 장소에서 즐거움을 만끽할 수 있는 세상. 그리고 미래에 우리가 그 상태로 다시 돌아가게 되면(하지만 기본적으로 인간은 항상 똑같다) 셰익스피어의 말처럼 오래된 '문제들'에 직면해 있는 우리 자신을 발견하게 될 것이다. 예를 들면, 어제까지만 해도 출발 바로 직전에 여름 휴가를 예약하는 일은 매우 어려운 일까지는 아니더라도 최소한 비용이 많이 드는 경험이었다.

가장 인기 있는 여름 휴양지로 가는 항공 운임은 성수기에 보통 때의 3배 이상 오른다. 우리 모두 여름이면 사람들이 무엇을 찾는지(모두가 원한다고 외치는 바로 그것들 말이다) 알기 때문이다. 그 결과, 계절 활동에 대한 요구가 증가할수록 항공사와 호텔, 여행사들은 고객의 높아진 지불 의사를 이용한다.

아메리칸 에어라인American Airlines의 CEO 로버트 크랜들Robert Crandall 은 이렇게 말한 바 있다. "한 노선에 2,000명의 고객과 400개의 운임이 존재한다면 그건 1,600개의 운임이 부족하다는 뜻이다." 크랜들의 말은 이 경우 가격이 2,000개인 것이 가장 좋다는 뜻이다. 즉, 정찰가와 반대되는 개념을 말하는 것이다. 특정 고객을 목표로 한 개인 맞춤 가격은 모든 사용자의 특정한 요구에 맞출 수 있다. 예를 들면, 출장차 다른 곳을 방문하기 위해 하루 전날 비행기를 이용하는 경우 높은 운임을 적용하고 1년 전에 예약하는 사용자의 경우에는 가능한 가장 저렴한 운임을 제공하는 것이다.

아날로그 세상에서 이따금 볼 수 있었던 '맞춤' 가격제는 인터넷과 신기술의 등장으로 시작되어 점차 증가 추세를 보이고 있다. 아마존이나 이베이에서 상품을 구매하는 이들은 매일 또는 매시간 가격이 바뀐다는 사실을 알아두어야 한다.

아마존에서는 가격이 평균 10분 간격으로, 혹은 하루에 144번 바뀐다. 단 몇 시간 만에 동일한 상품의 가격이 240%까지 다양하게 바뀔 수 있다는 것이다. 예를 들면 아마존은 사람들이 쇼핑에 더 많은 시간을 할애하고 수요가 증가하는 저녁이나 주말에 가격을 올린다. 이것이 동적 가격의 핵심이다. 상품 판매가를 시장의 그때그때 상황에 맞추는 것이다. 만약 카메라의 수요가 증가하면 가격도 오른다. 수요가 더 증가함에 따라 남아 있는 상품 중 하나를 얻기 위해 고객이 돈을 지불할 의사가 높아질 것이기 때문이다. 반대로 수요가 줄어들면 가격도 떨어진다. 그때까지 고객의 필요와 욕구를 끌어올리지 못한 상품에 대한 수요를 높이기 위해서 말이다. (두 경우 모두 동적 가격 적용으로 아마존의 수익률은 25% 증가했다.)

주유소의 기름값 또한 하루 중 계속 바뀐다. 어떨 때는 심지어 당신이 주유하는 동안 바뀌기도 한다. 이것이 이른바 '동적 가격 관리'라고도 하는 동적 가격 결정의 또 다른 예이다. 이 개념은 상거래 자체만큼이나 오래된 개념이다. 시장 상황에 따른 동적, 혹은 탄력적, 혹은 맞춤 가격제는 상품 및 서비스 판매를 통제하는 데 기여한다. 신기술의 발전으로 앞으로 변화는 더욱 빈번하게 일어날 것이고 제공되는 상품의 수량에도 변동이 클 것이다.

'혁신적인' 기업이 적합한 유형의 수익화 전략(이 경우는 동적 가격 결정)을 채택해 해당 분야에서 판도를 바꾸는 데 성공한 가장 유명한 사례 중 하나가 우버Uber이다.

차량 공유 분야의 선두 주자가 되기 전 우버의 경영진은 근본적인 진실을 깨달았다. 어떤 형태로든 A에서 B로의 이동을 관할하는 '법'은 특히 유연하다는 것이다. 그러나 (여기서 직관이 발동한다) 수요자 관점, 다시 말해 사용자의 관점에서만 그런 것이 아니라 공급자, 즉 운전자의 관점에서도 그렇다는 사실을 우버는 깨닫게 되었다.

스포츠 경기나 음악 축제가 열린 후, 혹은 토요일 저녁에 이동 차량에 대한 수요가 아주 높아서(그래도 우리는 라이브 콘서트에 또 가고 싶다고 말한다) 수요가 정점을 찍을 때는 차량이 부족해 더 많은 운전기사를 구하는 것이 관건이다! 이런 시각에서 우버 경영진이 내놓은 해결책은 아주 '똑똑한' 것이었다. 그들은 새로운 수익화 모델인 '수요 급증 가격' 모델을 구축했다. 그렇다면 수요 급증 가격이 무엇일까? 핵심적인 부분들을 한번 들여다보자.

수요 급증 가격은 동적 가격의 한 형태로, 실시간으로 수요를 감시하며 수요가 지나치게 몰릴 때 가격을 크게 올리는 것을 말한다. 따라서 가격 인상은 완전히 의도적인 이중효과를 가지게 된다. 한편으로는 운임이 더 낮았다면 일하려 하지 않았을 더 많은 수의 운전자들을 끌어들일 수 있다. 다른 한편으로는 다시 가격이 안정될 수 있도록 공급과 균형을 맞추어 수요를 떨어뜨린다.

우버는 이런 방식으로 수요와 공급의 균형을 맞출 수 있는 플랫폼을 구축했다. 언제 운전자가 서비스를 제공해야 한다는 의무 사항은 없으며 교대 근무는 말할 것도 없고 그들이 일해야만 하는 시간표도 정해져 있지 않다.

택시 기사 조합에서 운영하는 차량 공유 서비스의 경우도 이것이 정상적인 조건이긴 하지만, 우버의 경우 모든 것은 가격에 의해 조정된다. 매일 수백만의 승차 건들은 운전사에게 직접적인 지시를 전달하지 않고도 기술 플랫폼에 의해 관리된다. 운전사들은 동적 가격 모델을 기반으로 차량 운행을 어떻게 할지 독립적으로 결정한다. 즉, 우버가 직접 차량 서비스를 통제하는 것이 아니라 수많은 독립 운전사들이 통제한다는 것이다.

결국 제시되는 가격을 받아들일지는 우버의 고객들이 결정하는 것이다. 가격은 극단적인 경우 평상시의 9배에 달할 수도 있다. 그게 아니었다면 충분한 서비스 제공에 부합하지 않게 무조건 낮은 가격을 유지해야 했을 것이다(그렇게 했다면 믿을 수 있는 서비스를 제공받고 더 높은 비용을 지불할 용의가 있는 고객들의 공분을 샀을 것이다). 그런데도 수요 급증 가격에 대해서는 논란의 여지가 많다. 너무 많은 고객이 평상시보다 더 높은 가격과 운행 시간대를 받아들이지 않으면 우버는 그 즉시 끼어들어 가격을 재조정한다.

요약하자면 동적 가격의 기본 목적은 수요가 가장 많은 시간대에도 충분한 수의 운전사 확보를 보장한다는 것이다. 할증 가격의 대부분은 운전사에게로 돌아간다. 이것이 폭우와 눈보라 같은 악천후나 돌발 상황으로 인해 다른 교통수단의 이용이 거의 불가능할 때조차 고객 수요에 발맞춰 연중 365일 충분한 공급을 유지할 수 있는 유일한 방법이다. 지금까지 살펴본 수요 급증 가격과는 반대로 동적 가격 결정의 반대 측면은 가격을 낮추는 추세를 이끌 수 있다는 것이다.

운전사 공급이 가격에 따라 민감하게 움직인다면 승객 또한 그와 마찬가지일 것임이 분명하기 때문이다.

뉴욕.

갈매기 카퍼스미스가 푸드덕거리며 날개에 묻은 물기를 털어낸다.

바리스타는 카페에서 커피를 내리고 있다.

공책의 페이지가 바람에 날려 넘어간다.

지하철은 사람들을 삼켰다가 뱉어내고 젊은이들은 횡단보도를 건너고 있다. 컷.

우버 기획자 중 한 명이 밤길을 운전하고 있고, 다음의 이미지가 필름처럼 다시 돌아간다.

레스토랑의 손님들이 촛불이 켜져 있는 테이블에서 타르타르를 먹고 있다.

디스크자키는 잘 들리지는 않지만 쉽게 상상할 수 있는 배경 음악을 틀어 놓고 있다.

금요일, 토요일, 일요일, 주말... 시간은 우리 일상의 아래로 쏜살같이 지나간다.

운전석에 앉아 있는 남자는 우리에게 유명한 A라는 곳에서 B라는 곳까지 가는 것이 얼마나 쉬운 일인지 말해준다.

다시 뉴욕.
소녀들이 손을 들어 올리지만 택시들은 멈춰 서지 않는다.
양복을 입고 검은색 승용차를 수행하는 남성들은 전 세계 모든 도시에 교통 혼잡은 존재한다고 설명한다.
마천루, 브루클린 다리.

우버의 초기 구호였던 '모든 이들의 개인 운전사'는 표적 고객을 정확하게 겨냥한 구호였다. 효율성, 편안함, 편의성을 추구하며, 운전사가 승객이 없어서 다음 승객을 기다리며 쉬는 시간을 활용할 수 있게 해준다. 그들을 필요로 하는 사람들은 많다. 그렇다면 이 양극단의 상호보완적인 요구를 어떻게 조화시킬 수 있을까?

회사 전체가 기본 전제로 하는 생각은 특별한 구매 경험을 통해 싸고 안전하고 항상 사용이 가능한 차량을 제공한다는 것이었다. 당신을 태우기 위해 오는 우버 기사가 언제 도착할 예정인지 애플리케이션을 활용하면 정확히 알 수 있다. 기사가 어느 길로 어떻게 가는지 확인할 수 있을 뿐만 아니라 요금이 얼마가 나올지도 미리 알 수 있다. 결제 또한 신용카드로 쉽고 빠르게 할 수 있다.

우버는 수요 급증 가격과 반대되는 방향으로 동적 가격 모델을 활용함으로써(침투 가격을 제시함으로써) 차량의 평균 운영 시간을 늘리는 데 성공했다. 또한 도보로 이동하기보다는 더 높은 비용을 지불하고 차량을 소유하거나 대여하거나 대중교통 수단을 이용하는 것을 선호하는 일부 승객들의 요구도 발생시켰다.

우버의 경영진은 한 걸음 더 나아가 운전사의 차량 이용률을 100%로 끌어올리는 데 모든 역량을 집중하고 있다. 그렇게 해서 우버의 전 CEO 트래비스 칼라닉Travis Kalanick이 '끊임없이 움직이는 차량'이라고 부르는 상태를 달성하는 것, 즉 운행 시간 내내 최소한 한 명 이상의 승객을 태우는 것을 목표로 한다.

이는 한편으로는 이전 승객이 목적지에 도착하자마자 다음 승객이 바로 탈 수 있도록 최적화한다는 의미이다. 다른 한편으로는 고객이 자신의 차를 팔도록 부추기는 것을 의미하기도 한다. 우버가 차를 가지고는 있지만 사용하지 않는 이들(평균 95%)의 주된 이동 수단으로 자리매김하기 위해서다. 이 목표를 이루기 위한 첫걸음이 바로 우버풀UberPool이다.

우버풀은 같은 방향으로 가거나 비슷한 경로를 여행할 계획이 있는 고객들을 위한 서비스다. 런던 중심부에서 외진 히드로 공항Heathrow Airport까지 가야 한다거나 (도심지에서 먼) 바티칸 시국에서 오스티아 안티카의 고대 로마 유적지까지 가고자 하는 관광객들이 활용하기에 안성맞춤이다. 두 경우 모두 차량이 승객으로 가득 채워지고 고객의 이용률은 증가한다. 게다가 가장 중요한 점은 여러 사람이 같이 탈수록 요금을 더 절약할 수 있다는 것이다.

이런 이유로 우버는 자가용이나 대여 차량보다도 훨씬 더 이점이 많은 교통수단이 되었을 뿐만 아니라 대중교통과도 겨룰 수 있게 되었다. 샌프란시스코 거리에서 소심하게 데뷔한 우버는 이제 50개국으로 뻗어나가 제너럴 모터스General Motors와 같은 거대 자동차 기업을 훨씬 넘어서는 평가를 받으며 이동 수단의 신흥 주자로서 발돋움하고 있다. 그리고 이 성공의 중요한 요인은 다음 부분에서 더 자세히 살펴볼 동적 가격 결정 모델이었다.

상황 분석 – 기원과 발전

동적 가격 결정 모델은 앞으로 점점 기업들에게 근본적으로 중요해질 것이며 아주 넓게 다양한 분야에서 활용될 것이다. 최근까지도 정가를 종이로 표기했던 대형 유통업체들조차 하루에도 여러 차례 소매점의 가격을 변경할 수 있도록 전자 가격표를 선보이고 있다.

유럽의 주요 유통 체인 중 하나로 식료품은 취급하지 않는 미디어월드MediaWorld는 온라인 채널에서뿐만 아니라 오프라인(그들의 소매점)에서도 동적 가격 경영으로 정책을 변경해 항상 고객들에게 최저 가격을 제공한다.

동적 가격 경영은 옛날부터 이어져 온 개념인 것에 반해 정찰 가격은 상대적으로 새로운 개념이다. 정찰 가격은 '최근'까지 존재하지 않았으며 1870년 전에는 가격을 표기하는 것이 일반적이지 않았고 그때그때 상황에 따라 가변적이었다. 그래서 모든 가격은 개별적 협상이 가능했다.

그러던 중 퀘이커 교도들은 고객들에게 각기 다른 가격을 부르는 것이 부도덕하다고 생각했다. 따라서 그들은 상품마다 정찰 가격표를 붙이기 시작했고 가격 흥정은 하지 않기로 했다. 그렇게 해서 필라델피아의 워너메이커 백화점Wanamaker's이나 뉴욕의 메이시 백화점Macy's과 같은 대형 상점들은 정가제를 도입하게 되었다. 더 이상 점원들이 상품 가격을 숙지하거나 가격 흥정 기술을 배워야 할 필요가 없어지자 그들을 훈련하는 데 들어가던 돈과 시간을 절약할 수 있었다. 또한 더 많은 고객을 응대할 수 있게 되어 판매 효율이 더 높아졌다. 대형 상점들조차도 카운터 뒤에 상품을 진열해 두고 고객이 상품을 구입할 때마다 점원이 상품을 가져다주도록 요구했었다. 그런데 정가표를 붙임으로써 점원들이 한숨 돌릴 시간을 가질 수 있게 된 것이다.

슈퍼마켓 체인인 피글리위글리Piggly Wiggly가 1916년에 최초로 셀프서비스를 도입하면서 가격표의 필요성을 확인시켰다. 서양의 소매점에서 가격표를 붙이는 것은 곧 판매 상품을 진열하는 일반적인 방식이 되었고 가격 흥정은 서서히 사라지고 중고 제품을 판매하는 경우에만 가격 흥정을 하게 되었다. 이후 동적 가격 결정 방식은 점차 사라져 100년 이상 자취를 감추고 있다가 1980년대에 미국에서 그 당시까지 정부의 규제를 받아온 항공사 운임이 자유화되면서 다시 동적 가격이 등장했다. 그때부터 항공사들은 가장 중요한 수익 동인인 '가격' 경영으로 돌아섰다.

가격 자유화는 저가 항공사들의 등장을 촉진했다. 해당 부문 전체의 성장에 도움이 되었을 뿐만 아니라 가격이 높으면 이동 시 기차나 자동차와 같은 다른 교통수단을 이용했을 것이 분명한 가격에 민감한 고객들을 끌어들였다. 그에 따라 이 분야에서는 가격에 따른 수요의 탄력성이 결정적인 요소로 작용한다는 것이 분명해졌다. 특히 저가 시장에서는 더욱 그러하며 이것이 가능한 성장률을 높일 수 있는 요인이다.

그 증거로 1981년에 창립한 피플 익스프레스 항공People Express Airlines의 사례가 있다. 피플 익스프레스 항공은 1984년에 다른 전통적인 항공사들보다 50% 낮은 항공 요금을 제시했고, 그 결과 수십억 달러의 매출을 달성해 수익률 면에서도 피플 익스프레스 항공으로서는 사상 최고치인 6천만 달러를 기록했다. 이 기업의 운명에 대해서는 나중에 다시 언급할 것이다.

한편 아메리칸 항공American Airlines과 같은 동시대의(혹은 그 이후의) 전통적인 항공사들은 저가 항공사로 갈아타는 상당수의 (가격에 민감한) 승객들을 잃게 되었다. 따라서 잃어버린 고객을 되찾기 위해 새로운 사업 전략을 펼쳐야 할 필요가 절실해졌다.

저가 항공사들이 상당히 한정된 비용으로 운영되는 상황을 고려해 볼 때 전통적인 항공사들은 그들이 비극적인 딜레마에 직면해 있다는 사실을 인식하고 있었다. 피플 익스프레스 항공과 같은 기업들은 그 가격 수준에서 높은 수익을 올리고 있었지만, 만약 아메리칸 항공이 저가로 성급하게 전환한다면 커다란 손실을 볼 것임이 분명했다. 아메리칸 항공은 이 새로운 전략을 실행하기 위해 두 가지 과제를 해결해야만 했다. 첫 번째는 비즈니스 클래스보다 이코노미석에 배당하는 좌석 수를 늘리는 것이었고, 두 번째는 자기잠식 효과를 막는 것이었다. 즉, 더 높은 가격을 지불할 용의가 있는 승객들을 대상으로 저가 좌석을 활용하는 것이다.

'슈퍼 세이버' 요금에는 몇 가지 제한적인 조건이 따른다. (이를테면 여행 30일 전에 항공권을 예약하고 최소 7일 이상 머물러야 하며 환불이 불가능하다는 등의 조건이 붙는다.) 한 번 비행할 때마다 정해진 한도의 저가 항공권을 제공하여 피플 익스프레스 항공을 대체해 활용 가능한 대안이 될 수 있었던 동시에 (훨씬 더) 수익률이 높은 시장을 다른 항공사에게 양보하지 않아도 되었다.

저가 항공사들의 공세에서 빠져나올 길을 마련한 인물은 아메리칸 항공의 당시 마케팅 책임자이면서 후에 최고경영자가 된 로버트 크랜들이었다. 크랜들은 아메리칸 항공이 항공권을 제로 마진으로 판매하고 있음을 깨달았다. 항공 운영비의 대부분을 차지하는 것이 고정비였기 때문이다. 고정비에는 항공기 조종사와 승무원의 급여, 부채 상환 비용, 연료비 등이 포함된다.

아메리칸 항공은 이 새로운 논리로 저가 항공사들과 겨룰 수 있게 되었다. 비즈니스석이 비즈니스석을 이용하려는 승객들로 꽉 채워지지 않는 경우 그 잔여 좌석을 저가에 판매하는 방식을 채택한 것이다. 비즈니스석을 이용하는 고객은 보통 여유 기간 없이 촉박하게 항공권을 구매하며 더 높은 운임을 지불할 용의가 있다는 특성이 있다.

아메리칸 항공은 DINAMODynamic Inventory Allocation and Maintenance Optimizer (잔여석 할당을 변동적으로 관리해 좌석 이용률을 최대로 끌어올리는) 전략을 활용해 노선마다 해당 클래스의 잔여 좌석을 다른 클래스 승객들에게 판매하는 것으로 문제를 해결했다. 더욱이 1985년에 시행된 이 제도는 산업계에서 실제로 동적 가격제를 도입한 대표적인 사례로 꼽히며, 이를 '수익 관리yield management'라고도 한다. 실제로 DINAMO 전략으로 특정 비행 스케줄에 대해 재빨리 항공권 가격을 조정하는 역량을 갖출 수 있게 되어 공격적인 경영이 가능해졌다.

그에 따라 아메리칸 항공과 저가 항공사들이 운행하는 전 노선에서 본격적인 가격 전쟁이 벌어졌다. 특히 DINAMO 전략이 피플 익스프레스에 입힌 타격은 치명적이었다. 1986년에 아메리칸 항공이 DINAMO

전략을 실행한 지 1년 만인 1986년 피플 익스프레스는 파산해 콘티넨털 항공Continental Airlines에 매각되었다. 당시 피플 익스프레스의 CEO였던 도널드 버Donald Burr는 파산의 원인을 다음과 같이 설명했다.

"1981년에서 1985년 사이 우리 회사는 역동적이고 수익성 높은 기업이었다. 그러나 아메리카 항공의 '슈퍼 세이버' 요금제가 등장하자 갑자기 우리의 시대는 막을 내리게 되었다. 그들의 재량으로 우리보다 더 낮은 가격을 제공할 가능성이 주어졌기 때문이다. 그로 인해 피플 익스프레스는 파산에 이르렀음을 부인할 수 없게 되었다. [...] 동적 가격 결정을 등한시한 것이 잘못이었다. 만약 다시 시작할 수 있다면 가장 우선순위는 가능한 최고의 기술 지원 시스템을 구축하는 일이 될 것이다. 내가 보기에 이것은 항공사에 수익을 가져다주는 데 있어 무엇보다도 결정적인 요인이다. 서비스보다도, 항공기보다도, 심지어 노선보다도 말이다."

동적 가격의 주요 형태

동적 가격의 세 가지 주요 형태는 다음과 같다. (1) 일시적 동적 가격, (2) 고객 기반의 동적 가격, (3) 판매 채널 기반의 동적 가격이다.

1. 일시적인 동적 가격은 "마음에 들지 않으면 사지 말라"는 식의 가격으로 여겨지고 있다. 동적 가격은 시간이 지남에 따라 판매자가 판매 경향, 수요의 추이, 필요 상품의 수급 가능성 등을 고려해 가격을 변경한다. 여기서 동적 가격 결정은 항공사의 수익 관리와 아주 비

숫하다. 수요와 공급을 맞추기 위해 가격을 조정하는 것이다. 에너지 분야나 연료 분배에서도 이와 같은 상황을 볼 수 있다. 시간에 기반한 동적 가격 결정은 주로 빈도와 범위 측면에서 설명된다. '빈도'는 가격이 (얼마나 여러 번 바뀌는지) 바뀌는 횟수를 말한다. 아마존은 그들이 판매하는 모든 상품의 소매 가격을 하루에 250만 번 바꾼다. 즉, 상품 가격을 평균적으로 10분마다 바꾼다는 뜻이다. 변동이 더 잦을 수도 있다. 아마존에서 판매하는 한 휴대 전화의 가격은 3일 동안 297번 바뀌었다. '범위'는 개별 상품의 가격 변화의 정도를 말한다.

2. 두 번째 형태는 고객 기반의 동적 가격이다. '개인 맞춤' 가격, '행동 기반의' 가격, '표적 동적' 가격, 혹은 표적 판촉 등 여러 가지 이름으로 불리기도 한다. 이와 같은 변동 요금제에는 고객의 지불 의사가 각기 다르다는 사실을 최대한 이용한다는 생각이 깔려 있다. 고객이 얼마를 지불할 의사가 있는지 확실히 모르는 기업들은 지불 의사와 상관관계가 있는 척도로 여겨지는 정보들에 의존하게 된다. 예를 들면, 인구통계학적 데이터나 인터넷 검색 데이터, 과거 거래 내역을 이용할 수도 있고, 혹은 이를테면 고객이 온라인 가격 비교를 통해 웹사이트에 들어오게 되었는지 등의 고객 구매 여정customer journey 데이터를 분석할 수도 있을 것이다.

이것이 우버와 리프트Lyft, 혹은 에어비앤비Airbnb가 신규 고객들에게 회원 가입 혜택을 주거나 할인을 제공하는 이유이다. 개인화 서비스는 신규 고객인지 아니면 기존 고객인지에 관한 고객의 상태를 기반으로 이루어진다. 기본 전제 조건은 고객의 신원을 밝힐 수 있어야 한다는 것이다. 오프라인에서는 보통 고객이 충성 고객 명단에 올라와 있어야 신원을 알 수 있지만, 온라인 세상에서는 다른 데이터를 활용할 수 있다.

게다가 고객 기반의 동적 가격의 두 가지 유형은 다음과 같이 구분될 수 있다. 한 가지 유형은 기업들이 다양한 기본 가격을 제공하는 것이고, 또 다른 유형은 개인 맞춤 할인 쿠폰을 활용하는 것이다. 쿠폰을 활용함으로써 웹사이트에 표기되는 기본 가격은 고정적으로 유지되는 것이다. 그래도 일부 선택된 소비자들, 또는 고객 그룹들은 할인 쿠폰을 받아 그들의 지불 의사에 맞춘 가격을 만들 수 있다.

3. 또 다른 형태의 동적 가격은 오프라인과 온라인 채널 모두를 가지고 있는 다중 채널 기업들이 활용하는 방식이다. 이 기업들은 '다중 채널 가격 결정 딜레마'에 직면해 있다. 이들은 특히 온라인 채널을 통해 순수하게 온라인 상거래만을 하는 소매업체들의 가격 압박에 노출된다. 일반적으로 오프라인 업체의 가격보다 낮은 온라인 업체 가격들 사이에 내부 경쟁이 벌어지면서 오프라인 채널의 비용 구조 자체(사무실 임차료와 인건비)가 그들의 생활을 어렵게 만든다.

따라서 채널 기반의 동적 가격 결정은 오프라인에서의 가격과 온라인에서의 제공 가격을 구분한다. 채널에 따라 달라지는 가격은 제공되는 다른 기능들에 의해 합리화되기도 한다. 예를 들면, 온라인 채널은 배송비를 절약할 수 있게 해주고 더 다양한 선택지를 제공하는 반면 오프라인 채널은 상품을 직접 눈으로 보고 테스트해볼 수 있다는 점에서 차이가 있다.

채널 기반의 동적 가격을 보여주는 기업 관행의 다른 사례로는 가전제품 기업인 콘라드Conrad의 경우처럼 매장에서의 판매 가격보다 웹사이트에서의 판매 가격이 낮아 판매 가격이 서로 다른 경우다. 마찬가지로 루프트한자Lufthansa와 노스웨스트 항공Northwest Airlines Corp도 온라인과 오프라인, 그리고 전화로 항공권을 판매한다. 그런데도 가격이 빈번하게 바뀌는 것은 온라인 채널에 거의 국한되어 있다. 매장에서 주로 구매하는 이들은 그들의 기대에 부응하는 서비스가 보장되는 것을 좋아하며, 온라인에서 구매하는 것을 선호하는 이들은 더 철저한 고객 감시와 함께 더 저렴한 가격에 구매할 기회와 그런 기회가 주어질 때 느끼는 기쁨을 좋아한다.

동적 가격 경영의 확대와 그 영향력

동적 가격 경영은 특히 온라인 업계에서 증가 추세에 있다. 그러나 시간이 흐를수록 항공 및 관광 산업과 숙박업에도 등장했다. 이용률과 성/비수기, 일정 등의 요소들과 함께 경쟁 업체들과의 가격 비교가 가격에 영향을 미친다. 전통적인 상점에서조차 제품 선반에 붙어 있는 일반적인 가격표가 점점 디지털 가격표로 교체되고 있어 자동화로 인해 관리를 더 손쉽게 만들고 있다.

동적 가격은 등장했을 때부터 항공 산업에서 활용되어왔고 수익을 높이는 데 상당히 기여했다. 동적 가격 정책을 시행함으로써 매출revenue과 순이익profit을 각각 8%와 25%까지 향상시킬 수 있다. B2C 부문과 더

불어 B2B 기업들 또한 점차 동적 가격을 도입하고 있는 것을 볼 수 있다. 이에 대해 더 자세히 살펴보기를 원한다면 《Revenue Management in Manufacturing(제조업에서의 수익 관리)》를 참고하길 권한다.

성공 요인

동적 가격을 활용하는 것이 항상 바람직한 것만은 아니다. 실제로 전제 조건이 모두 충족되지 않는 때에는 이 도구에 의존하는 것이 해가 될 수도 있다.

동적 가격의 도입은 어떤 조직에게나 부담스러운 여정이 될 수 있다. 그 과정에서 불가피하게 마주치는 모든 어려움을 기꺼이 극복하려는 자세뿐만 아니라 인내심도 필요하다. 하지만 준비만 잘 되어 있다면 진행은 가속화될 것이고 그때부터는 동적 가격 시행의 목표가 성공적으로 달성될 수 있다. 특히 지난 몇 년 동안 연구한 여러 프로젝트를 기반으로 해 네 가지 성공 요인을 밝혀낼 수 있었다. 처음 두 가지는 해결책에 관한 것이고 그다음 두 가지는 이 해결책을 기업에 접목하는 것에 관한 것이다.

1. **데이터와 기술:** 동적 가격 결정 모델을 구축하기 위한 첫 번째 전제 조건은 데이터와 정보의 이용 가능성이다. 일부 분야에서는 고도로 세분화된 데이터가 요구되며 주로 개인 고객 혹은 개인 거래와 관련된 B2C의 경우가 그렇다. 또 다른 경우, 이를테면 전기 기술자에

게 전기 재료를 판매하는 도매업자의 경우에는 유통 채널과 관련된 부분의 데이터를 이용하는 것만으로도 충분할 것이다. 두 경우 모두에서 중요한 공통점은 고객에게 제공되는 가치를 수익화하는 새로운 모델을 지원할 준비가 된 IT 기술의 이용 가능성이다.

2. 가격 논리와 가격 결정 도구: 오늘날 기업들이 가격을 결정하는 논리는 동적 가격으로 진화하는 시발점이다. 가격을 결정하는 방식은 기업마다 크게 다를 것이다. B2C 거래에서는 소매업자가 고객 충성도나 구매일이나 구매 시간대, 혹은 장바구니에 따라 가격을 다르게 책정할 수 있다. 그리고 B2B 거래에서는 경쟁 기업의 가격제나 통화 시간, 혹은 데이터 사용량과 같은 변수를 가격 책정 기준으로 삼는 통신 사업자를 상대할 수도 있을 것이다. 특정 논리의 적용을 포함하는 동적 가격 결정 도구의 개발은 모든 기업에게 유용할 것이며 여러 가지 변수를 고려해야 하는 상황은 동적 가격을 발전시킨다.

3. 동적 가격 결정의 절차와 관리: 오랜 기간 IBM에서 일한 유명한 IT 엔지니어 그레디 부치Grady Booch는 "바보는 도구를 가지고 있어도 여전히 바보다"라고 말한 바 있다. 그는 IT 환경에서 공동의 역학에 관해 연구해왔다.('소프트웨어의 전망과 한계, 아름다움(The promise, limits and beauty of software)'이라는 제목으로 2007년 튜링 렉처Turing Lecture의 강연자로 참여하기도 했다.) 가격 결정 논리와 강력한 분석 도구에 '중점'을 두고 있기는 해도 동적 가격의 성공은 기업에서 사람들이 이 도구를 활용하는 방식에 의해 결정된다. 결과물에 차이를 가져다주는

것은 결국 팀워크인 것이다! 가격 결정 및 마케팅팀은 동적 가격 결정 모델을 조정하고 끊임없이 발전시키는 데 자극을 준다. 영업팀은 고객과 시장에 대한 정보를 전달해 준다. 기술력을 갖춘 IT팀은 가격 결정의 영향력을 조정하여 향상되도록 돕는다. 관리 및 재무팀은 결과를 감시해 향후 지침을 전달받기 위해 기업의 경영진에게 그 내용을 제출한다.

4. 팀 교육과 능력 개발: 마지막 요인은(그러나 아주 중요한) 팀의 교육과 능력 개발이다. 가격 결정에서 가장 성공적인 변화는 기업의 경영진이(종종 최고경영자가) 전체 조직이 새로운 동적 가격 모델을 채택하도록 요구하는 것이다. 경영진의 역할은 여러 분야의 전문가로 이루어진 팀에서 화합을 끌어내는 데 필수적이다.

　마지막으로 '열린 자세와 실험, 그리고 배움의 문화'를 함양하는 특별 교육은 이와 같은 변화를 크게 촉진한다. 한 가지 상품군에 적용하는 것을 '활용 사례'로 시작해 성공을 맛본 기업들은 주로 시험 단계를 통해 팀의 능력 개발에 도움이 되는 경험을 쌓은 후 그 적용 범위를 확대한다.

적정 가격을 벗어난 가격을 막는 방편

지난 몇 년 동안의 기술 발전은 동적 가격을 새로운 단계로 끌어올리는 확실한 기반을 마련해 주었다. 개인의 선호도와 구매 행동, 인구통계적 특성, 경쟁 상품의 가격, 지불 방식 등에 관한 정보의 확산 덕분에 고객 정보는 인구통계적 자료와 과거 구매 내역을 기반으로 생성될 수 있고, 모든 마케팅 도구들은 적절한 절차에 따라 조정될 수 있다. 그렇다 하더라도 이것이 오로지 컴퓨터만으로 관리되어서는 안 될 것이다. 너무 높거나 너무 낮은 가격을 책정하는 것을 막기 위해서는 올바른 분별력이 요구된다.

동적 가격 관리에서 벤치마킹할 수 있는 사례로 알려진 아마존의 사례를 다시 한번 살펴보자. 하루에 250만 회 가격을 조정하고 수익을 극대화해 세계에서 가장 가치가 높은 기업 중 하나가 된 아마존이라고 해서 항상 가격을 적정하게만 책정하는 것은 아니다.

일례로 아마존이 삼성 TV를 처음에는 296.99달러에 판매하고 다음에는 293.07달러에 판매한 이유가 무엇인지 궁금할 것이다. (5장에서 언급했듯이) 심리적 가격 관점에서 보자면 이 두 가격은 고객에게 299.99달러로 동일하게 인식된다. 그래서 이 경우는 불필요하게 수익률만 떨어뜨리게 된 셈이다.

눈에 띄는 또 다른 사례로는 파리에 관한 도서의 가격으로 요구한 놀라운 가격이다. 동적 가격 결정 방식은 《파리 만들기(The Making of a Fly)》라는 책의 가격을 거의 2,400만 달러로 올려놓았다. 표 6.1에서 보는 바와 같이 이 가격에는 당연히 배송비는 포함되지 않았다. 어떻게 이렇게 천문학적인 가격이 나올 수 있었을까?

이유는 간단하다. 동적 가격 결정 모델을 적용하는 과정에서 동일한 책을 취급하는 두 도서 판매 회사가 책 가격을 비교해 한 회사는 자사의 책 가격을 경쟁사의 책 가격보다 1.27059배 높게 책정되도록 연동시켜 놓고, 다른 회사 역시 경쟁사 책 가격의 0.9983배로 자동 책정되도록 연동시켜 놓은 것이다. 이 설정으로 인해 두 가격이 서로 경쟁적으로 미친 듯이 상승 곡선을 그린 것이다. 두 책의 가격은 한 책이 다른 책보다 약간 낮은 가격을 유지하면서 동반 상승해 급기야 수백만 달러에 이르게 된 것이다. 위의 사례는 명백한 마케팅 오류로, 다음과 같은 결론을 얻을 수 있다.

"동적 가격 경영에는 한계가 있다. 가격을 조정할 수 있다는 점만 좋을 뿐이다."

파리 만들기: 동물 설계의 유전학 (종이책)
저자: 피터 A. 로렌스

‹ 상품 상세 정보로 돌아가기

Amazon.com의 쇼핑 카트 또는 1-클릭만을 통해 결제하세요.
안전한 온라인 쇼핑과 구매 보장에 관한 상세한 내용을 확인하고 싶다면 여기를 클릭하세요.

가격 한눈에 확인하기
정가: 70.00달러
중고 도서: 35.54달러 ~
새 도서: 1,730,045.91달러 ~

팔 책이 있습니까?   책 팔기

모두 보기	새 도서 (총 2건 1730,045.91달러 ~)	중고 도서 (총 16건 35.54달러 ~)

보기   ● 새 도서   ○ 프라임 회원 가격 보기

정렬   책값+배송비   ‡

새 도서 2건

책값+배송비	상태	판매자 정보	구매 옵션
$1,730,045.91 +배송비 $3.99	새 책	판매자: 프로프니스 판매자 평점: ★★★★★ 지난 12개월 동안 93% 긍정적 평가 (총 8,193명 평가) 재고 있음, 누질랜드, 미국에서 배송 국내 배송비와 반응 정책 신간, 책 상태 아주 좋음 품질 보장.	장바구니에 추가 1-클릭 주문 가능
$2,198,177,95 +배송비 $3.99	새 책	판매자: 보디북 판매자 평점: ★★★★★ 지난 12개월 동안 93% 긍정적 평가 (총 125,891명 평가) 재고 있음, 뉴질랜드, 미국에서 배송 국내 배송비와 반응 정책 책 상태 아주 좋음 신간, 중고 이님, 재고 충분한 상태, 품질 보장.	장바구니에 추가 1-클릭 주문 가능

그림 6.1 동적 가격 결정의 부작용 사례: 가격 폭발을 보여준 아마존의 도서

요약

- 칼 마르크스Karl Marx는 역사는 반복된다고 말했다. 프로펠러헤즈 Propellerheads도 '반복되는 역사'를 동일한 제목의 곡에서 (셜리 바세 이Shirley Bassey와 함께) 노래했다. 과거에는 동적 가격이 일반적인 것이었다. 1870년 정찰 가격이 등장하면서 동적 가격은 자취를 감추었지만 이후 항공 분야에서 재등장해 다양한 산업 분야로 확산했다.

- 그러나 최근에 다시 등장한 동적 가격은 판매자와 고객 사이에서 이루어지는 협상을 기반으로 하는 결과를 예측할 수 없는 가격 결정 방식이 아니다. 그보다는 기술 발전으로 촉발된 가격 결정 방식 이다.

- 데이터의 확산으로 고객을 인구통계학적 그룹과 구매 행동, 경쟁 상품의 가격에 따라 분류할 수 있게 되었고, 그와 함께 마케팅 도 구는 더욱 개선되어(표적 가격에서 개인 가격으로) 시간이 갈수록 다 양화되었다.

- 이는 B2C 사업 부문과 B2B 사업 부문 모두에 해당한다. 두 가지 모두에 적용될 수 있지만, 동적 가격의 도입이 모든 상황에서 바람 직한 것은 아니며, 따라서 '강요'되어서도 안 된다.

- 실제 사례에서 우리는 동적 가격을 크게 세 가지 형태로 구분하고 있다. 일시적인 동적 가격, 고객 기반의 동적 가격, 판매 채널 기반의 동적 가격이 그것이다. 동적 가격 결정은 서비스 기업들(예. 관광업, 자동차 대여업)과 제조 기업들(예. 철강 제조, 화학 제품 제조)을 포함해 아주 폭넓게 다양한 분야에서 적용되고 있다.

- 동적 가격은 일단 도입되고 나면 상당한 영향력을 끼친다. 동적 가격은 매출과 순이익을 각각 8%와 25%까지 향상시킬 수 있다.

- 동적 가격 경영을 하기 위해서는 기본적으로 네 가지 전제 조건이 따른다. 처음 두 가지는 선택된 해결책, 즉 데이터와 기술, 가격 논리와 가격 결정 도구와 관련된 것이다. 다음 두 가지는 그 해결책을 기업에 통합시키는 것과 관련이 있다. 즉, 동적 가격 결정의 절차와 관리, 그리고 팀 교육과 능력 개발이다.

- 일반적으로 흔한 경고가 여기서도 여전히 유효하다. 동적 가격 결정은 하나의 도구이며 그렇게 관리되어야만 한다. 컴퓨터와 등식이 가격 결정을 관리하는 것만으로는 충분하지 않다. 그것들은 합리적인 결과를 이끌어내고(《파리 만들기》 책 가격 사건 참조) 최적의 가격을 책정하고자 노력하는 인간을 돕는 도구일 뿐이다. 역사는 반복되며 역사와 기업의 나머지 행로를 결정지을 것이다.

7장

인공지능 기반의 가격

"인공지능의 삶은 꿈이다."

– 필립 **K.** 딕Philip K. Dick

사례

맥 하먼Mac Harman은 스탠퍼드 경영대학원을 졸업하자마자 수익성 좋은 사업 기회를 감지했다. 그의 친척이 만든 모조 크리스마스트리가 진짜 나무처럼 보이지 않는 것을 보고 사업 아이디어가 떠오른 것이다. 그는 그길로 중국으로 날아가 나무 생산자를 만나 16종의 다양한 크리스마스트리를 설계했다. 그 크리스마스트리는 이를테면 가문비나무와 비슷한 형태의 진짜 '크리스마스트리'처럼 생겼다.

2006년 10월, 그는 5,000개가 넘는 크리스마스트리를 미국으로 이송해 스탠퍼드의 한 백화점에서 팝업 스토어를 오픈했다. 결과는 대성공이었다. 웹사이트를 만든 후 그는 한 달 만에 이미 300만 달러의 매출을 달성했다. 그때부터 맥(어쩌면 이 이름이 운명을 이끈 건지도 모르겠다)은 나무 종류를 더욱 다양화하고(그중 일부는 2,000달러가 넘는 가격에 팔린다.) 트리 장식품과 별, 화환 등의 제품들도 추가로 판매하고 있다.

계절 상품을 경쟁 업체들보다 훨씬 더 높은 가격에 판매하는데도 발삼 브랜드Balsam Brands(이것의 그의 회사명이다)는 성공적이었다. 그때부터 하먼이 설립한 이 기업은 더욱 성장해 현재에는 가격 측면에서 새로운 도전에 직면해 있다.

발삼 브랜드는 2억 달러 이상의 매출을 올리고 있으며, 그중 80%는 연중 지난 3개월 동안 발생한 매출이다. 기업 활동에 있어서는 지극히 중대한 경영 및 재무적 '불균형' 상태라 할 수 있다. 계절 상품의 판매를 관리하는 동시에 수익률을 보호하고 매출을 신장시키기 위해 발삼 브랜드는 가격 결정 과정에 인공지능Artificial Intelligence을 도입하기로 했다.

인공지능은 스스로 훈련하며 수요에 기반한 최적의 가격을 추천해 주어 이전에 존재했던 모든 문제점을 극복할 수 있도록 알고리즘이 짜여 있다. 이전에는 특히 시장 경향을 반영해 가격을 관리해 주는 도구가 부재했지만, 이제는 고도의 가격 조정 과정도 인공지능에 의지할 수 있게 된 것이다.

발삼 브랜드는 맞춤형 ERP 플랫폼을 이용해 매주 진행하는 가격 재조정 작업을 자동화했다. 사업 계획에 따라 가격을 조정하고 처리된 데이터를 기반으로 결정을 내렸다. 발삼 브랜드는 고객들에게 가장 좋은 서비스를 제공하기 위해 여러 가격 결정 요인들, 즉 웹사이트 분석, 시장 경향, 최근 판매량, 가격 변동 범위, 사업 규제, 가격 반올림 규칙 등을 고려한다.

2020~2021년 사이 인공지능의 알고리즘은 발삼 브랜드의 최적 가격 추천을 24,000건 생성했다. 과거 거래 데이터와 거래 규제, 전체 가격 결정 구조, 재고 이용 가능성, 그리고 그 밖의 필수 정보를 기반으로 한 것이었다. 그 결과 발삼 브랜드는 가격 조정에 들이는 시간을 절반으로 줄일 수 있었고, 3.5%가 넘는 추가 매출과 3% 이상의 추가 순이익을 발생시켜 기존의 사업 목표에 도달했다. "저희 사업은 성장하고 있었지만, 시장 경향과 웹사이트 분석, 그리고 가격 결정 책임자가 동시에 고려하기 어려운 다른 주요 데이터들을 기반으로 가격을 결정하는 일은 저희 회사에게 중요한 일이었죠"라고 발삼 브랜드의 전자상거래 본부장인 조이스 린Joyce Lin은 설명한다. "인공지능 알고리즘은 단순 반복적인 업무에 들어가는 시간을 절반으로 줄여 회사의 가격 경영을 효율적으로 만들어 주었습니다. 인공지능은 전통적인 가격 결정 전략과 과정을 혁신하고 있

어요. 그래서 다른 영역으로도 이 기술을 확대하고자 합니다."

34개국에 740개의 영업점과 5,100명의 직원을 거느리고 있는 의류 기업인 오르세Orsay 또한 이와 같은 방향을 추구하고 있다. "이제 저희는 더 이상 수동 분석이나 추측에 기대지 않아도 됩니다. 인공지능 기반의 가격 결정은 가장 중대한 가격 판단을 자동화해주었지요. 알고리즘이 추천해주면 그걸 적용하기만 하면 됩니다." 이 말은 오르세의 최고혁신 책임자Chief Innovation Officer의 생각을 한마디로 표현해주고 있다.

수직적 경영 구조로 되어 있는 발 빠른 패션 소매업체인 오르세는 디자인에서부터 제품 생산, 판매에 이르기까지 전체 공급망을 관리한다. 이 기업은 최신 유행을 반영한 제품에서부터 전통적인 스타일에 이르기까지 제품을 세분화해 아주 다양하게 갖추고 있다. 오르세는 패션 트렌드가 끊임없이 변화하고 있는 점을 고려해 전체 상품 수명에 맞춰 상품 가격을 관리해야 한다. 수익을 극대화하는 한편 옷이 구식으로 인식되기 전에 모두 판매해야 하는 것이다. 요약하자면 오르세의 목표는 다음과 같았다.

- 가격 인하는 적게 하면서 소득과 수익률은 높인다.
- 재고를 더 효율적으로 처리해 재고 관리 비용을 절감한다.
- 직원의 생산성을 제고한다.
- 고객의 상품 품질에 대한 기대와 상품의 가격이 상응하도록 고객 만족도를 높인다.

오르세는 이 목표를 달성하려는 과정에서 다음과 같은 상황을 겪어야 했다. "인공지능만을 이용한 첫해에는 가격 인하 판매가 줄었어요. 처음에는 40~50%이었던 재고율이 30~40%로 향상되었습니다. 이는 가격 인하율이 10% 이하로 떨어져 저희 수익률이 높아졌다는 뜻이죠. 이제는 수요가 있을 때 상품을 판매할 수 있게 되었습니다. 할인은 자주 하지 않아요. 과거라면 제품당 서너 차례까지 가격 인하를 적용했을 거예요. 그렇게 해서 수익률을 깎아먹었지요. 하지만 이제는 제품당 최대 두세 차례 할인가를 적용합니다."

오르세에서 인공지능은 제품 판매 주기의 시기별 데이터를 참고해 폐기 상품을 줄이고 지속해서 최적의 가격을 맞추는 데 사용된다. 알고리즘은 현재와 과거의 데이터를 분석해 오르세의 각 상품에 대한 적당한 가격 탄력도를 결정한다. 이 솔루션은 오르세를 위해 가장 수익성 높은 가격 결정을 자동으로 해주면서 그에 더해 경쟁 업체의 가격, 대체 효과와 자기 잠식 효과와 같은 복잡한 요소들도 고려해 준다.

30개국에 3,500만 고객을 가지고 있는 국제적인 패션 기업인 봉프리Bonprix 또한 인공지능 기반의 가격 정책으로 돌아섰다. 봉프리에 인공지능을 도입한 포크 토마스Folke Thomas는 한 인터뷰에서 새로운 가격 결정 모델을 도입한 것에 대해 다음과 같이 회상했다. "그때부터 단기적으로 수익이나 재고 관리를 해야 할 필요가 생길 때면 알고리즘을 이용해 매일 가격 조정을 할 수 있었습니다." 회사 내에서 더 이상 여러 유관 담당자들과 토론하고 합의에 도달한 후 수작업으로 진행할 필요가 없어졌다.

오르세의 경우도 마찬가지였다. 과거에는 카테고리 매니저가 가격 할인을 위해 그들 시간의 80%를 소비하곤 했다. 컴퓨터가 이 부분을 자동화함에 따라 이제는 동일한 업무에 20% 정도의 시간만 할애하면 된다.

그리고 시간이 절약된 만큼 전략적인 부분에 더 많은 관심을 집중할 수 있게 되었다.

상황 분석

인공지능은 추론, 학습, 창조, 계획과 같은 인간적인 능력을 보여주는 컴퓨터의 능력이다. 다시 말해서 보통 인간의 지능이 요구되던 시각적 지각, 음성 인식, 의사결정, 다른 언어의 번역 등의 업무를 IT 시스템이 처리할 수 있게 된 것이다.

가격 관리에서 인공지능은 이를테면 과거 사업 정책의 효과를 분석하기도 하고 충분한 정도의 할인율을 알아내어 가격을 조정할 수 있게 해주는 상세 정보를 참고해서 적정 가격을 알아내는 알고리즘을 기반으로 작동한다. 따라서 인공지능 기반의 가격 결정은 인간의 행동을 모방하기 위해 머신러닝이나 딥러닝과 같은 인공지능을 활용해 계속해서 향상되는 자율적인 가격 결정을 함을 뜻한다. 그리고 그 과정에서 통계적 방법과 발전된 알고리즘이 활용된다. (그림 7.1 참조)

머신러닝 기술은 훨씬 더 효율적이고 빠르게 가격을 관리할 수 있다는 점에서 가격 결정 분야에 큰 변혁을 몰고 오고 있다. 이를테면 머신러닝 기반의 알고리즘은 방대한 양의 데이터를 동시에 분석해서 인공지능의 도움이 없을 때보다 더 많은 변수를 고려할 수 있다.

그림 7.1 인공지능이란 무엇인가 – 그 정의와 머신러닝과 딥러닝과의 차별점

인공지능
컴퓨터가 인간의 행동을 흉내 내는 것을 가능하게 해주는 기술. 자율적인 의사결정 가능

머신러닝
컴퓨터가 경험을 통해 능력을 향상시킬 수 있도록 통계적 방법을 이용하는 인공지능 기술의 한 분야

딥러닝
다층적인 신경 작용이 관할하는 계산을 가능하게 하는 머신러닝의 한 분야

과거에는 가격 결정 담당자들이 가격 관리 규칙을 수동으로 결정해야만 했다. 하지만 지금은 머신러닝이 그들이 도출해낸 결과를 통해 자동으로 끊임없이 학습하는 알고리즘을 사용한다. 따라서 기업들은 처음에 가격을 책정하거나 혹은 시간이 흐르면서 상황에 따라 가격을 조정하기 위해 자기 학습 모델을 활용할 수 있다. 게다가 적은 노력을 들이고도 아주 독립적이고 매우 정확하게 그 일을 해낼 수 있게 되었다.

인공지능 기반의 가격 결정 도구는 학습을 위해서만 설계된 것이 아니라 학습을 통해 능력을 향상시켜 시간이 흐를수록 점점 더 최적의 가격을 찾아내기 위해 설계된 것이다. 인공지능은 '너무 싼' 가격과 '너무 비싼' 가격을 구분해 낼 수 있기 때문이다. 더욱이 인공지능 기반의 가격 결정 도구는 그들의 알고리즘에 영향을 미치는 중요한 내부 데이터와 외부 데이터 모두를 고려할 수 있다. 과거의 기술과 비교했을 때 다양하고 방대한 데이터를 분석할 수 있게 됨에 따라 인공지능이 영향력 있는 데

이터를 분석해서 도출하는 적정 가격은 매우 정확해졌다. 이 알고리즘이 평가하는 요소들은 다음과 같다.

- 과거 판매 및 거래 정보
- 계절에 따른 변화
- 날씨 조건
- 원자재 물가 지수
- 지리 정보
- 행사
- 재고 정도
- 상품 특징
- 경쟁 상품의 가격과 홍보 활동
- 고객 관계 정보
- 마케팅 캠페인
- 고객 후기와 언론 기사

인공지능 기반의 가격 애플리케이션은 이 데이터를 활용해 조건이 바뀌었을 때 수요가 어떻게 변동할지 가늠하여 가격 탄력성을 계산해 낼 수 있다. 결국 소프트웨어가 가격을 통제하게 되는 것이다. 이 가격 결정 도구는 수요가 충분히 안정적인 상품들(수익률 최적화에 적합한 상품들) 혹은 판매 전반에 걸쳐 중요한 역할을 힘에 따라 주의 깊게 가격 통제를 해야 하는 상품들을 결정해주기도 한다.

인공지능 가격 결정의 발전 단계

최적의 가격을 결정해주는 인공지능 알고리즘은 과연 어떻게 작동할까? 어려워 보일 수도 있겠지만 사실 가격 최적화를 위해 사용되는 머신러닝을 기반으로 한 알고리즘을 설계하는 단계는 간단하다. 그 과정은 다음과 같다.

1. 데이터 수집 및 오류 거르기

자동 머신러닝 모델을 개발하기 위해서는 여러 유형의 데이터가 필요하다. 최적의 가격을 찾기 위해서는 다음과 같은 데이터베이스가 있어야 한다.

- **거래 정보:** 각각의 고객들에게 다른 가격으로 판매된 제품 목록, 적용된 할인이 있었는지의 여부, 사은품이나 보너스 상품
- **상품 정보:** 각 상품에 대한 상세 정보(카테고리, 브랜드, 크기, 색상 등)
- **비용 정보:** 공급 비용, 배송비, 반품비, 마케팅 비용
- **경쟁사에 관한 정보:** 비슷한 상품들에 대한 경쟁 업체의 가격(수기로 입력하거나 웹 수집 등을 통해 자동으로 추출된 가격 정보)
- **재고와 배송 정보:** 재고 수준, 상품 출고 가능 여부, 과거 가격 변동 추이에 관한 정보

이 모든 정보가 필요한 것은 아니다. 그리고 모든 분야나 기업에서 이 정보들이 모두 입수 가능한 것도 아니다. 예를 들면, 많은 소매업체

가 '정확한' 과거 가격 변동 기록을 가지고 있지 않다. 그렇지만 머신러닝 기반의 가격 결정은 이용 가능한 데이터에서 최대한의 직관을 이끌어낼 수 있다. 그렇게 해서 대부분의 경우 현상 유지 상황에서 벗어나 눈에 띄는 발전(예를 들면 더 큰 수익)을 이루게 해준다. 그에 더해 기업들은 개인 정보를 이용하는 데 (아주 당연하게도) 극도로 주의를 기울인다. 좋은 소식은 상품 수준에서 최적의 가격을 정하기 위해 개인 정보를 분석할 필요는 없다는 것이다.

마지막으로 수집한 데이터에서 오류를 걸러내고 심층 분석에 이용할 수 있도록 준비해 둔다. 출처가 다른 다양한 형태의 데이터가 통합되어야 하기에 이는 어려운 단계이다. 따라서 데이터를 정확하게 온전히 알고리즘 설계에 반영하기 위해 이 일은 전문가나 데이터 과학자들이 진행하는 것이 좋다.

2. 알고리즘 훈련시키기

다음 단계는 머신러닝 모델을 '훈련'하는 단계다. 먼저 머신러닝 모델은 모든 변수를 분석하고 판매 가격 변화에 따라 발생 가능한 효과를 도출한다. 이 과정에서 머신러닝 모델은 인간 분석가들이 쉽게 간과할 수 있는 상관관계와 모델을 자동으로 발견해낸다. 그래서 이것들이 최적의 가격을 계산하는 알고리즘에 통합되어 판매와 수익 예측의 기본 바탕을 구성한다. 이렇게 만들어진 초기 모델은 실제 시험 작동을 해보고 정기적으로 수동으로 최적화 작업이 이루어질 수도 있다. 한 번 수정이 이루어질 때마다 알고리즘은 독립적으로 그 결과를 학습하고 더 향상된다. 알고리즘의 정확도를 높이기 위해 더 많은 데이터를 추가할 수도 있다. 그에 따라 시간이 지날수록 소프트웨어의 효율성은 계속 높아지고 훈련에 들어가는 노력은 줄어든다.

3. 예측 기반의 최적화

머신러닝 모델은 일단 개발되고 나면 최적의 가격을 책정해 기업의 특정 목표를 충족시키고 단 몇 분 만에 수천 개 제품의 가격 탄력성을 계산해 낼 수 있다. 회사 내부의 마케팅 및 영업팀은 이 계산 결과를 이용해 상품 출시 가격과 할인가를 더 과감하게 실험해 볼 수 있게 된다. 판매와 수요에 미칠 잠재적 영향을 더 잘 판단할 수 있기 때문이다. 이제 그들은 직감과 경험에 의존하기보다는 머신러닝 알고리즘의 결과를 기반으로 추론할 수 있다. 그에 따라 전략적으로 행동할 수 있는 여지가 많아져 매출과 수익 증대로 이어지는 경우가 많다.

인공지능 기반의 가격 결정 적용: B2C와 B2B

소매업 분야에서는 향후 몇 년 내로 인공지능 기반의 가격 결정이 점차 주류로 떠오를 것이다. 경영 컨설팅 기업 호바스가 전 세계 기업들을 대상으로 진행한 연구에 따르면 79%의 소매기업들이 가격 최적화를 위해 2030년까지 인공지능에 투자할 것으로 예측되고 있다.

여러 유명 소매기업들은 이미 머신러닝의 힘을 빌리고 있다. 여기에는 미국의 전자 기업 모노프라이스Monoprice와 영국의 슈퍼마켓 체인 모리슨스Morrisons, 그리고 패션 분야에서는 자라Zara와 같은 유명 브랜드들도 포함되어 있다. 일례로 스페인의 패션 체인인 자라는 인공지능이 제품 출시 가격을 결정하고 판매 추세에 따라 가격이 자동으로 변동되도록 설정해 두고 있다. 그 결과 판카즈 게마와트Pankaj Ghemawat와 호세 누에노Jose Nueno 의 저서에 따르면 유럽의 다른 소매기업들이 30~40%의 상품을 할인가 에 판매하는 것에 비해 자라는 15~20%의 상품만을 할인가에 판매한다 고 한다.

랄프 로렌Ralph Lauren과 마이클 코어스Michael Kors는 할인가에 판매하는 상품을 줄이고 재고를 관리하고 매출을 신장시키기 위해 머신러닝을 활 용하고 있다. 빠르게 성장하고 있는 패션 소매 기업인 부후Boohoo와 쉬인 Shein은 사업 목표를 달성하기 위해 머신러닝을 활용하는 것으로 잘 알려 져 있다. 비록 출시 가격은 낮게 책정하더라도 말이다.

B2B 부문에서조차 점점 더 많은 기업이 인공지능 기반의 가격 관리 시스템을 도입하고 있다. 그럼 이제 인공지능 기반의 가격 결정을 (B2B와 B2C 환경 모두에서) 활용하는 여섯 가지 사례를 기업 유형에 따라 살펴보 자. (표 7.2 참조)

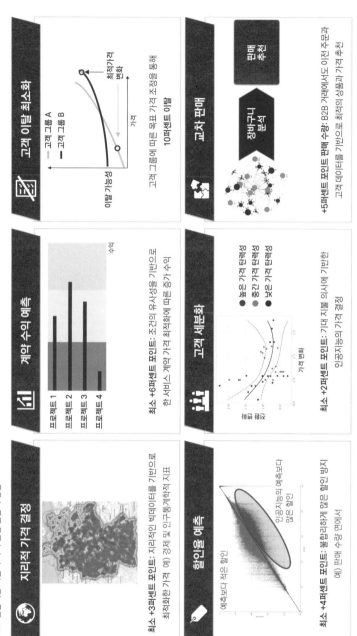

표 7.2 인공지능 기반의 가격 결정 활용의 영향

고객 이탈 최소화
- 고객 그룹 A
- 고객 그룹 B
- 최적가격 변화
- 이탈가능성 / 가격

고객 그룹에 따른 목표 가격 조정을 통해 10퍼센트 이탈

교차 판매
장바구니 분석 → 판매 추천

+5퍼센트 포인트 판매 수량: B2B 거래에서도 이건 주문과 고객 데이터를 기반으로 최적의 상품과 가격 추천

계약 수익 예측
- 프로젝트 1
- 프로젝트 2
- 프로젝트 3
- 프로젝트 4
- 수익

최소 +6퍼센트 포인트: 조건의 유사성을 기반으로 한 서비스 계약 가격 최적화에 따른 증가 수익

고객 세분화
- 높은 가격 탄력성
- 중간 가격 탄력성
- 낮은 가격 탄력성
- 판매 수량 / 가격 변화

최소 +2퍼센트 포인트: 기대 지불 의사에 기반한 인공지능의 가격 결정

지리적 가격 결정

최소 +3퍼센트 포인트: 지리적인 빅데이터를 기반으로 최적화한 가격 예) 경제 및 인구통계학적 지표

할인율 예측
- 예측보다 적은 할인
- 인공지능의 예측보다 많은 할인

최소 +4퍼센트 포인트: 불합리하게 많은 할인 방지 예) 판매 수량 면에서

출처: 후바스 제공 자료

지리적 가격 결정

한 국가 내에서 여러 다른 지역들(예를 들면 독일의 북부, 중부, 남부와 같이) 간, 혹은 지리적으로 분류되는 지역(예를 들면 유럽)에서 각각 지불 의사가 다를 수 있고 심지어는 크게 차이가 날 수도 있다. 인공지능은 내부의 판매량과 상품, 고객을 외부 데이터(예를 들면 인구통계적, 소득 및 경제 데이터)와 결합하는 것을 가능하게 해준다. 인공지능은 상품이나 서비스에 대한 이상적인 기준 소매 가격이나 할인가를 '지리적 가격'으로 나타내 준다.

계약 수익 예측

계약을 체결할 때는 유지 보수나 사후 지원 때문이든 아니든 고객 유형이나 판매자의 협상력에 따라 가격이나 할인율이 크게 달라질 수 있다. 그래서 계약 체결을 위해 반드시 '필요한' 할인만을 허락해야 하므로 인공지능은 계약을 따내는 데 가장 적합한 가격과 수익률을 찾아내기 위해 계약과 직결된 변수들, 그리고 고객 및 거래 상황과 직결된 변수들을 분석한다.

고객 이탈 최소화

통신 기업들과 유료 TV, 전기 공급 기업들, 혹은 자동차나 기계의 사후 관리 서비스와 같이 두터운 고객층을 가지고 있는 산업 분야에서는 이탈 고객을 최소화하는 것이 기업 성공에 필수적이다. 인공지능은 이탈 가능성을 계산하는 지표를 마련해 고객 이탈을 방지할 수 있는 고객 유지 방안을 제안하고 이탈 가능성이 큰 고객들에게 제안할 최적의 가격을 제시하기도 한다.

할인율 예측

인공지능 가격 결정을 적용하는 전형적인 사례는 최적의 할인율을 찾는 일이다. 알고리즘은 정가표에서 시작해 판매를 달성하는데 필요한(적정 가격보다 더 낮추지 않는 선에서) 최대한의 할인율을 보여준다. 대상 고객 및 대상 거래에 대해 최적의 할인가를 예측해 주기도 한다.

고객 세분화

다양한 방법을 통해 고객을 세분화할 수 있다. 전형적인 접근법은 지불 의사를 평가하는 것이다. 인공지능은 고객을 세분화하기 위해 현재 고객들의 지불 의사를 계산해 최적화된 서비스를 제공하는 데 능숙하다.

교차 판매와 상향 판매

B2C와 B2B 거래 모두에서 매출 및 수익 증대를 위해 고객에게 연관 상품이나 추가적인 서비스 판매를 시도한다. 인공지능은 B2C 고객의 경우, 어떤 조합의 상품들이 유사한 특성을 가진 고객들에게 판매되었는지를 효율적으로 분석해 내어 직접 추천해준다. 혹은 B2B 거래의 경우 소매업체를 통해 연관된 상품을 추천하거나 교차 판매와 연쇄 판매를 독려하며 최적 가격 또한 제시한다.

- 인공지능 기반의 가격 결정은 인간의 행동을 모방하는 인공지능과 머신러닝, 딥러닝을 이용해 자율적으로 가격 판단을 내리는 방식이다. 이 가격 결정 방식은 발전된 통계적 방법과 알고리즘 덕분에 끊임없이 역량이 향상되는 특성이 있다.

- 머신러닝을 기반으로 한 가격 최적화를 위해 알고리즘을 설계하는 과정은 꽤 간단하며 다음과 같다.
  1. 데이터 수집 및 추리기
  2. 알고리즘 훈련시키기
  3. 예측을 기반으로 최적화하기

- 다음은 인공지능의 가격 결정 능력을 적용한 예이다.
  지리적 가격 결정 / 계약 수익 예측 / 고객 이탈 최소화 / 할인율 예측 /
  고객 세분화 / 교차 판매

- 인공지능 기반의 가격 결정은 사업 성공에 아주 긍정적인 영향력을 행사할 수 있다. 이것이 인공지능의 가격 결정이 B2C와 B2B 거래 모두에서 점차 확산되고 있는 이유다. 현재로서는 B2B 거래보다는 B2C 거래에서 인공지능이 활용되어온 사례가 더 많다.

8장

프리미엄(Freemium)

"사업의 목적은 고객을 끌어들이고 유지하는 데 있다."

– 피터 드러커Peter Drucker

사례

수년 동안 당신은 가장 좋아하는 가수가 새 앨범을 내놓기를 고대하고 있다. 조용한 집에서 좋아하는 안락의자에 앉아 고급 레드와인 한 잔을 손에 든 채 10여 곡의 신곡이 담겨 있는 빈티지 레코드판이 턴테이블 위에서 돌아가는 소리를 들으며 음악과 오롯이 하나가 되는 당신의 모습을 꿈꿀 것이다. 음반이 출시되기만 하면 그걸 손에 넣는 첫 번째 팬이 되기 위해 음반 가격은 얼마가 되었든 상관없다고 생각할 것이다. 그리고 마침내 예상치 않게 그 순간이 갑자기 다가왔다. 드디어 앨범이 출시된 것이다! 당신은 궁금한 마음에 흥분한다. 일어나 샤워를 하고 옷을 갈아입는다. 유튜브에서 〈토요일 밤의 열기Saturday Night Fever〉에 나오는 춤추는 장면을 한 번 더 보고, 영화 〈킬빌Kill Bill〉에 나오는 우마 서먼Uma Thurman의 춤 동작을 따라 해본다. 새 앨범을 만날 준비는 모두 끝났다. 그러나(항상 결정적인 순간에는 '그러나'가 붙기 마련이다) 문제가 발생한다. 음반을 살 필요도, 외출할 필요도, 주차할 공간을 찾을 필요도, 길모퉁이에서 봐둔 '챔피언십 비닐'(영화 〈사랑도 리콜이 되나요High Fidelity〉에 등장했던 음반 가게: 역자 주)을 생생히 떠오르게 하는 음반 가게에 들어갈 필요도 없다는 것이다. 그리고 돈을 지불할 필요도 없단다. 왜일까? 왜냐하면 누군가가 그걸 선물로 줄 것이기 때문이다! 그렇다. 당신의 우상이 낸 새 앨범이 비닐 커버도 뜯기지 않은 채 바로 당신 앞에 놓여 있는 것이다. 게다가 공짜이기까지 하다! 꿈이 실현된 순간이다. 그리고 시간은 아직 아침 8시도 되기 전이다.

2007년에 프린스의 새 앨범 〈플래닛 어스Planet Earth〉가 영국에서 발매되었을 때 3백만 명에 달하는 사람들이 그 앨범을 손에 쥐었다. 보통 이런 뉴스는 음반 업계의 거물 인사들이 서로 하이파이브를 하고 팬들은 음반 가게로 몰려 들어가 그 앨범이 진열된 선반을 싹쓸이하는 이미지를 떠올리게 한다. 그러나 이번에는 그런 광경을 찾아볼 수 없었다. 프린스는 약 20달러였던 그의 앨범을 영국에서 단 한 장도 팔지 않았다.

프린스는 전례 없이 영국의 타블로이드 신문인 〈메일 온 썬데이Mail on Sunday〉에 새 앨범을 끼워서 무료로 배포하기로 한 것이었다. 보통 3달러 정도를 주고 신문을 사보던 독자들은 프린스의 새 앨범까지 무료로 받게 된 것이다.

앨범 자체에서 얻는 수익만을 따져본다면 프린스는 분명 하나도 돈을 벌지 못했다. 전통적인 채널을 통해 정가(이 경우에는 약 20달러)를 받고 판매했을 경우 보통 받게 되는 판매 수수료 대신 〈메일 온 썬데이〉는 저작권료로 신문 한 부당 36센트를 지불했을 뿐이었다. 그러나 이 행보가 프린스의 런던 21박 콘서트(2007년 8월 1일부터 9월 21일까지 런던에서 진행된 콘서트: 역자 주)에서 티켓 판매에 미친 영향을 고려한다면 그럴 만한 가치가 충분히 있었다. 티켓 판매는 영국에서만 해도 프린스 콘서트 사상 최고 기록을 남겼다.

얼핏 보기에는 프린스가 460만 달러의 음반 수익을 포기한 것처럼 보였겠지만 런던 21박 콘서트의 홍보 효과는 2,340만 달러의 매출과 1,880만 달러의 수익을 발생시켰다. 그에 더해 〈메일 온 썬데이〉 판매 부수 또한 평균 230만 부에서 60만 부 증가했다. 단 하루 만에 평균 판매 부수의 4분의 1 이상이 상승한 셈이다. 이것으로 모든 비용을 상쇄할 수는 없더라도 〈메일 온 썬데이〉는 이 홍보 활동을 대성공으로 평가했다. 그런 칭찬받을 만한 획기적인 홍보 활동을 통해 시장 혁신가로 자리매김함으로써 광고 회사들에게 더 매력적인 매체가 되었다는 것이 부분적인 이유였다.

이 사례는 미끼 상품 전략loss leader strategy을 보여주는 전형적인 예이다. 미끼 상품 전략이란 하나의 수익성 높은 상품(콘서트 티켓)을 판매하기 위해 다른 상품(이 경우에는 앨범)에서 손실을 감수하는 것을 말한다. 이 개념을 쉽게 이해하려면 술집에서의 상황을 떠올려보자. 술집에서는 손님이 목이 말라 맥주, 칵테일 등 술집의 핵심 상품인 술을 계속 시키도록 유도하기 위해 '소금 간'을 한 땅콩을 무료로 제공한다. 이는 작은 것을 희생해 큰 것을 얻으려는 자세이자 다윗이 골리앗을 넘어뜨리는 상황이다.

이는 구글이 따르는 원칙과도 일맥상통한다. 구글은 오랫동안 서비스를 거의 제로 마진으로 판매하는 데 성공했다. 다시 말하자면 수백여 가지의 상품들을 무료로 제공하고 있다. 90%를 훨씬 넘어서는 시장 점유율을 거머쥐고 있는 세계 최대의 검색 엔진뿐만 아니라 이메일(G메일)에서부터 정보(구글 뉴스), 내비게이션(구글 맵), 번역기(구글 트랜슬레이트), 문서 공유, 스프레드시트와 이미지(구글 닥스Google Docs)에 이르기까지 다양한 형태의 서비스를 제공하고 있다.

구글은 광고 매출과 몇 가지 다른 수익원을 통해 큰 수익을 올리고 있어 상당히 많은 무료 서비스를 제공할 수 있는 것이다. 구글의 상품 매니저들은 새로운 상품이나 서비스를 출시하고자 할 때 이것이 얼마나 많은 매출을 올릴 것인지를 고려하기보다는 이 상품이나 서비스가 얼마나 많은 사용자에게 인정받고 어느 정도까지 도입될 것인가를 고려한다고 한다. 이것만 보더라도 구글의 기본 사업 전략을 짐작할 수 있다. 최대한 넓은 고객층이 선호하는 서비스를 출시해 대중적인 이용을 일으킴으로써 광고 수익을 증대하는 것이다.

구글은 무료 상품 판매로 2020년 400억 달러의 수익을 올리는 1,820억 달러 가치의 거대 기업이 되었다. 이는 미국의 모든 자동차와 항공기 제조 기업들의 수익을 모두 합친 것보다 더 높은 수익이다.

라이언 에어Ryanair의 최고경영자인 마이클 오리어리Michael O'Leary가 추구한 전략 또한 이것이었다. 그는 라이언 에어를 완전히 탈바꿈시켜 세계에서 가장 성공적인 저가 항공사 중 하나로 만들었다. 오리어리는 미래에는 고객들에게 거의 무료 탑승 서비스를 제공할 수 있으리라고 주장했다. 매출은 공항과의 공유 소득에서 발생할 것이다.

어떤 기업이 시장을 독점해 경쟁 기업들이 그 기업을 부정적으로 생각한다면 문제가 발생할 것이 당연하다. 하늘길이 포화 상태여도 문제가 생길 수 있다. 현재는 코로나바이러스가 하늘을 깨끗이 청소해 인간들에게 깨끗한 지평선과 파란 하늘에 떠다니는 하얀 구름을 되돌려 주었지만 말이다. 2020~2022년 사이의 팬데믹은 비록 발전의 속도는 늦추었지만 확실한 것은 삶에서 '모든 것은 흘러간다'는 것이다. 마찬가지로 프리미엄freemium 모델 또한 수많은 장애를 극복하고 여러 다양한 분야에서 발전하게 될 것이다.

상황 분석

'프리미엄freemium'은 '무료free'와 '프리미엄premium'을 합친 말이다. 이 의미 분석을 통해 우리는 이 단어가 애초에 판매하려고 하는 상품을 다른 '연결된' 상품 판매에 접근할 가능성을 위해 무료로 제공하는 가격 전략을 의미한다는 것을 알 수 있다. 이는 마치 다음 단계에 도전하기 위해서는 먼저 그때까지 손에 넣은 금화를 교환하며 이전 단계를 돌파해야 하는 게임과 같다고 볼 수 있다. 1980년대와 90년대의 게임 팬들은 큰 화면을 보며 게임 스틱으로 하는 '골든 액스Golden Axe'라는 오락실용 게임을 기억할 것이다. 트롤과 늑대 인간, 요정에 맞서 싸우며 높은 벽을 오르기도 하고 수명을 축적하면서 모험심을 기르는 와중에 다음 단계로 넘어가면서 상당한 돈도 번다.

프리미엄의 목표는 무료 제공 상품을 수단으로 최대한 많은 수의 고객을 끌어들이는 것이다. 그리고 난 뒤 사용자들이 일단 기본 상품에 익숙해지고 나면 공급자는 고객들이 추가적으로 그 이상의 서비스에 비용을 지불할 의사가 높아지기를 바란다.

이런 점에서 프리미엄은 침투 전략의 한 형태로 해석될 수도 있다. 무료 상품과 무료 상품의 비용을 상쇄시키고 수익도 남길 만큼의 가격에 판매되는 상품 사이에 일종의 교차 보조Cross-Subsidization가 발생한다. 특히 교차 보조는 세 가지 유형으로 나뉜다.

1. 무료

첫 번째 경우는 비용을 받는 상품이 무료 상품의 비용을 직접적으로 보조하는 경우다. 그 좋은 예가 전통적인 형태의 '2+1' 상품이다. 가전제품 업계에서 트로니Trony(이탈리아 소재의 전자 제품 기업: 역자 주)는 세 개 제품을 구매하는 고객들에게 (가장 가격이 저렴한) 제품 하나를 무료로 제공한다. 월마트Walmart 또한 DVD 상품을 이와 같은 방식으로 판매한다. 고객을 매장으로 불러들여 수익성 높은 상품들로 장바구니를 채우게 만드는 것을 목표로 DVD 한 장을 사면 한 장은 무료로 제공하는 것이다.

보다폰Vodafone과 오투O2 또한 독일에서 2년 사용 계약 고객들에게 스마트폰을 무료로 제공한다. 통신사 2년 사용 계약으로 휴대폰 비용이 충당되는 것이다. 그리고 우니크레디트UniCredit 은행은 무료 신용 카드를 제공한다. 무료 신용 카드와 함께 판매되는 계좌를 통해 수익을 얻기 위함이다.

미끼 상품 전략(소니의 콘솔에 딸려 있는 플레이스테이션 게임이 가격 이하로 판매되거나 레스토랑의 비싼 포도주가 저가 메뉴의 수익을 보충해주는 경우)과 비교했을 때 적어도 하나의 상품은 완전히 무료로 제공되는 것이다.

2. 프리미엄

두 번째 경우는 기본 버전의 상품을 무료로 제공하고 더 발전된 버전의 상품은 제값에 판매해 기본 버전의 비용을 충당하는 형태로, 이것이 진정한 프리미엄의 사례라 할 수 있다. 앞서 살펴본 '무료' 유형의 교차 보조에서 취득하는 무료 상품은 사실상 돈을 지불하는 상품에 딸려 오는 것이었다. 반면 이 경우에는 무료 상품을 사용하기 위해 더 이상 뭔가를 구매하지 않아도 된다. 어떻게 그럴 수 있을까? 프리미엄 전략은 이른바 '경험 상품'에 특히 잘 맞는다. 즉, 상품을 직접 사용해봐야지만 그 이점을 제대로 파악할 수 있는 상품들이다. 이전에 그 상품을 직접 사용해본 경험이 있는 소비자들은 간접 채널을 통해 상품을 알게 된 소비자들보다 더 높은 관심과 구매 의사를 보이는 경향이 있다.

어도비Adobe와 같은 소프트웨어 제품들이 이에 해당하는데, 보통 기본 버전의 소프트웨어는 무료로 제공하고 프로페셔널 버전은 비용을 받는 방식을 취한다. 혹은 링크드인LinkedIn이나 싱Xing과 같은 소셜 네트워크는 여러 기본 기능들(이를테면 프로필 생성이나 메시지 보내기)을 무료로 제공하고 그 이상의 기능들에 대해서는 돈을 지불해야 한다. 디지털 시대에는 이 가격 모델이 더 빠르게 확산되어 이제 디지털 제품 시장에서는 이것이 전반적으로 자리를 잡은 추세다.

얼마 전까지만 해도 오프라인 시장에서는 판매 촉진을 위해 고객들에게 향수 샘플을 나눠주거나 시식용 음식을 나눠주는 것으로 프리미엄 방식을 실행하곤 했다. 이 경우는 비용 지불 여부에 따라 상품의 사용이 제한되는 형태이다. 하지만 디지털 시장에서의 비용은 오프라인 시장에 비해 주변적인 요소이며 그다지 중요하지 않아 상품을 사용해 볼 기회가 많다. 만약 5%의 사용자만이 제품에 대해 비용을 지불한다면 그 사업 모델은 여전히 유효할 것이다. 즉, 생산비가 그만큼 적게 드는 덕분에 100명 중 95명이 비용을 지불하지 않더라도 나머지 5명의 사용자가 지불하는 비용만으로도 그 기업이 수익을 내는 데 충분하다는 뜻이다.

3. 삼각화(Triangulation)

세 번째 경우는 비용을 지불하는 상품과 무료로 제공되는 상품 모두를 고려하는 경우다. 이것이 미디어가 특징적으로 사용하는 전통적인 모델이다. 양자 간에 무료 서비스가 교환될 때 비용을 지불하는 제3자가 개입된다. 영국에서 판매 부수가 가장 높은 신문인 〈메트로 Metro〉의 경우가 그러했다. 〈메트로〉는 무료로 배포되어 독자들이 관심을 보일 만한 뉴스와 기사를 제공해 그날 어떤 중요한 사건이 일어났는지 감을 잡을 수 있게 해준다. 자세한 기사를 읽는 것보다는 눈으로 빨리 읽기를 하는 것이다. 사실 현대인들은 시간이 부족할 때가 많으므로 〈메트로〉는 우리의 훑어 읽기 능력을 이용하는 것이다.

어쨌든 여기서 중요한 점은 상품이 판매되는 가격이다. 이 경우 제3자는 신문에 실리는 광고에 비용을 지불하는 광고주다. 따라서 신문사는 신문을 독자에게 파는 것이 아니라 독자를 광고 대행사에게 파는 것이다. 이것이 일종의 삼각화가 일어나는 지점이다. TV와 라디오 방송국의 경우도 마찬가지다. 인터넷에서도 이 삼각화 방식을 기반으로 전체 미디어 생태계가 성장했다. 삼각화는 (a) 무료 콘텐츠 (b) 사용자에 관한 정보 판매 (c) 유료 구독을 기반으로 한다.

실제로 오프라인에는 더 많은 사례가 존재한다. 이를테면 신용카드도 이에 해당한다. 아메리칸 익스프레스 카드는 사용자들에게 무료로 카드를 주고 카드 가맹점에서 일정 비율의 수수료를 받는다. 그렇다면 이제 실제보다 더 어려워 보이는 수학적 고려를 함께 살펴보자. 세 가지 유형의 교차 보조는 다음 두 가지 유형의 가격을 기반으로 이루어진다.

- **첫 번째 경우:** 가격이 제로인 경우. 즉, 비용을 지불할 필요 없이 무료로 상품이 제공된다.

- **두 번째 경우:** 비용을 지불해야 하고 그것이 보상과 직결된다.

- **세 번째 경우**로 '마이너스 가격'도 있을 수 있다. 이 경우는 소비자가 돈을 지불하는 것이 아니라 상품 사용에 대해 돈을 받는 것이다. 빙Bing에 대한 연구 진행을 위해 사용자들에게 비용을 지불하는 마이크로소프트 Microsoft의 경우가 그 예라 할 수 있겠다. 이른바 '리워드'를 지급해 다양한 서비스 혜택으로 전환할 수 있게 해주는 것이다. 혹은 항공사들이 고객을 대상으로 어드밴티지나 마일리지 제도와 같은 로열티 프로그램을 시행하는 것도 이에 해당한다. 예를 들면 마일리지 제도는 상품과 서비스를 구입할 때 돈 대신 마일리지로 값을 지불할 수 있도록 해준다. 제너럴 모터스General Motors나 크라이슬러Chrysler와 같은 자동차 회사들이 시행하는 캐시백 제도도 이와 마찬가지다.

덴마크의 피트니스 센터 체인에서 제공하는 서비스 또한 이와 같은 의미에서 시작되었다. 그들은 일주일에 한 번 이상 피트니스 센터를 이용하는 고객에게는 한 달 회원권을 무료로 제공하고 있다. 대신 운동하러 가지 않은 주에는 정가의 이용료를 고스란히 지불해야 한다.(운동하고자 하는 의욕이 넘치는 첫 달이 지나고 나면 어떤지 알 것이다. 대수롭지 않게 보이겠지만 짜증 나는 치명적인 발목 통증을 느끼며 운동을 지속하는 것이 얼마나 대단한 의지력을 요구하는 일인지를 말이다) 그야말로 아주 훌륭한 장려책이다. 당신은 피트니스 센터가 우리의 건강을 위해 이와 같은 제도를 운영한다고 말할지도 모른다.

실제로 피트니스 센터에 가서 열심히 운동하지 않았다는 이유로 비용을 지불하게 되면 이 제도를 기획한 이들은 당신이 운동하러 가지 못한 것에 대해 분명 스스로를 질책할 것이라고 생각할 것이다. 그러나 실제로는 당신의 잘못이 아니라 항상 다른 누군가의 잘못이며 앞으로는 더욱 꾸준히 운동 계획을 지켜나가리라 맹세할 것이다. 하지만 만약 1년 회원권의 비용을 지불하고 간혹 운동을 가지 못하는 경우라면 회원권을 취소하는 게 낫겠다는 생각이 들지도 모른다. 이런 유형의 고객을 유지하기에 더 유리한 가격 결정 모델은 무엇인지 한번 살펴보자.

만약 당신이 밴드 연주자라면 로스앤젤레스에서는 공연 장소에서 밴드에게 돈을 지불하는 것이 아니라 오히려 밴드가 공연을 하기 위해 돈을 지불해야 하는 경우를 겪을 수도 있을 것이다. 돈벌이보다는 명성과 인지도를 쌓는 데 더 집중하고 있는 떠오르는 신예 그룹의 경우가 종종 그렇다. 하지만 그들이 유명해지면 그때부터는 형세가 역전되어 그들이 공연료를 받게 될 것이다.

전화 회의 분야에서는 이용자에게 무료로 서비스를 제공하는 기업들이 여럿 있다. 그 대표적인 예가 유명 기업들을 포함해 4,200만 명 이상의 이용자를 보유하고 있는 프리컨퍼런스콜FreeConferenceCall이다. 이용자는 무료로 서비스를 이용할 수 있으며, 전화 회사는 무료 전화 회의에 참여하기 위해 이용자들이 이용하는 국제 전화의 수수료를 지불한다. 이런 사례들은 똑똑한 기업들이 무료 상품을 제공해서 어떻게 일반적인 현금 흐름을 뒤바꾸는 데 성공했는지를 보여준다.

이제 프리미엄 이야기로 다시 돌아가 프리미엄에 대해 좀 더 자세히 살펴보자. 이 사업 모델은 소프트웨어 산업에 뿌리를 내리고 있다. 어도비와 같은 소프트웨어 기업들이 라이트 버전의 무료 소프트웨어를 홍보하는 것을 종종 보았을 것이다. 프리미엄의 인기가 높아지자 이 수익화 전략은 다양한 분야로 확산되기에 이르렀다.

프리미엄 가격 결정 방식을 성공적으로 활용하고 있는 기업의 예로 서베이몽키SurveyMonkey를 꼽을 수 있겠다. 만약 최대 100명을 조사 대상으로 이른 시간 내에 온라인 설문조사를 진행하고자 한다면 질문지를 작성해서 그들의 설문조사 서비스를 무료로 이용할 수 있다. 이 전략을 활용해 서베이몽키는 2천만 명이 넘는 이용자를 끌어들였다.

당연한 말이겠지만 수익성 높은 사업은 기존의 것과는 완전히 다른 서비스를 제공하는 것으로 유지된다. 100명이 넘는 사람들에게 답변을 받아내고자 하는 고객 그룹은 서베이몽키의 더 발전된 서비스를 이용하기 위해 기꺼이 가입비를 지불하는 것이다. 프리미엄 가격을 활용하는 사례들은 여러 다양한 환경에서 찾아볼 수 있다.

플리커Flickr는 사진 및 동영상 공유를 위한 공간을 무료로 제공하지만, 파일을 보관하는 공간에 대해서는 요금을 부과한다.

스카이프Skype는 컴퓨터들끼리의 통화는 무료로 제공하지만, 컴퓨터와 전화 사이의 통화에 대해서는 요금을 부과한다.

포트나이트Fortnite는 일정 수준까지는 게임(배틀 로얄Battle Royale 등)을 무료로 제공하지만 액세서리(스킨)와 그 다음 단계의 게임들(세이브 더 월드 Save the World 등)에는 요금을 부과한다.

이 밖에도 비디오 스트리밍 분야에서는 유튜브Youtube와 비메오 Vemeo, 음악 스트리밍 분야에서는 스포티파이Spotify와 디저Deezer, 판도라Pandora, 그리고 클라우드 저장 솔루션 분야에서는 아이클라우드 iCloud, 드롭박스DropBox, 구글 드라이브Google Drive, 원드라이브OneDrive가 있으며, 소셜미디어 분야에서는 싱Xing과 링크드인LinkedIn 등이 있다. 이 모두가 공통적으로 프리미엄 가격을 채택하고 있다. 그러나 프리미엄 전략은 인터넷상의 무형의 상품에만 국한되어 있지 않다.

프랑스에서 시작된 네덜란드의 다국적 기업인 비스타프린트 Vistaprint는 카드나 전단과 같은 단기 인쇄물을 개인 맞춤으로 인쇄해 주는 서비스를 제공한다. 그들은 고객의 주문을 유도하기 위해 수년 동안 '무료 명함 인쇄' 판촉 행사를 진행해왔다. 수백만 장의 명함을 무료로 인쇄해 나눠주었지만(물론 배송 및 처리에 대한 추가 요금을 부과해 비용의 일부를 충당하기도 한다) 기업은 이로 인해 유료 인쇄 작업에서 연간 십억 달러 이상의 매출을 올리게 되었다.

분명 프리미엄 모델은 이전에도 존재했다. 예를 들자면, 은행들은 오랫동안 수수료가 없는 당좌예금을 홍보했다. 고객이 기본 서비스에 더해 추가 서비스를 요구할 때만 비용을 지불하는 것이었다. 그런데도 무료로 제공되는 계좌는 일반적으로 특정 조건이 충족될 때만 제공되었다. 예를 들면 예금 계좌에 최소 잔액이 얼마 이상 있어야 한다는 조건이 따라왔다. 결국 고객은 예금 잔액에 붙는 이자를 잃는 것으로 비용을 지불한 셈이다. 지난 몇 년 사이에 점차 많은 소매 기업이 제공해온 이른바 '제로 퍼센트' 할부 판매도 마찬가지다. 현실에서는 할부 수수료가 구매가에 감추어져 있는 것이다. 또한 무료 제공 서비스가 광고와 결부되어 있는지의 여부에 따라 또 다른 차이점도 생겨난다.

많은 프리미엄 서비스에서는 무료 제공 상품에 광고를 끼워 넣지 않는다는 점에서 실질적으로 '무료'이다. 그에 해당하는 예가 스마트폰 및 태블릿용 마이크로소프트 오피스 버전으로, 기본 버전은 무료로 제공된다. 사용자는 그들의 데이터를 그 '대가'로 제공하는 것이다. 링크드인과 싱은 여기서 한발 더 나아간 사례를 보여주고 있다.

다른 서비스에서는 '무료' 이용의 조건으로 사용자가 광고를 수락해야만 한다. 스포티파이의 경우가 그렇다. 프리미엄 버전의 이용자들은 한 달에 9.99달러를 지불하고 광고 없이 음악을 감상한다. 무료 서비스의 혜택을 받는 고객들은 라디오를 들을 때도 그렇듯이 광고를 참고 받아들여야 한다. 광고를 봐주는 것으로 '비용을 지불'하는 것이다. 유튜브의 경우 역시 그러하다.

또 다른 사례는 이탈리아의 신문 레푸블리카(repubblica.it)이다. 여러 기사가 온라인 독자들에게 무료로 제공되나 특정 기사들은 온라인 구독 신청을 해야 볼 수 있다. 이용자는 두 가지 옵션 중에서 선택할 수 있다. 하나는 6개월 동안 온라인 정기구독만 하는 것으로, 처음 3개월 동안은 1유로를 지불하고 그 다음 3개월 동안은 5.99유로를 지불하는 것이다. 그리고 다른 하나는 12개월 동안 온라인 정기구독과 함께 매일의 신문과 특별호 모두가 포함되며, 3개월 동안 5유로를 지불하고 그 다음 12개월 동안은 13.99유로를 지불하는 것이다.

온라인 사전 사이트인 leo.org는 서비스를 무료로 제공하는 대신 광고를 보여준다. 만일 광고를 차단하면 후원 요청이 화면에 뜬다. 이는 자발적 지불 가격pay-what-you-want의 변형된 형태라 볼 수 있다. 자발적 지불 가격에 관해서는 이 책의 다른 부분에서 다룰 예정이다.

링크드인은 한 걸음 더 나아가 사용자의 요구에 따라 가격을 차등적으로 부과한다. '당신이 꿈에 그리던 직업을 구하는 것'을 돕는 프리미엄 커리어 제안은 한 달 이용료가 29.99달러이며, '당신이 비즈니스 네트워크를 선별해서 키우는 것'을 돕는 프리미엄 비즈니스 제안은 한 달 이용료가 59.99달러이다. '사업 판로를 개척하기 위한 용도'로 이용하는 경우에는 이용료가 79.99달러로 상승한다. 분명 링크드인은 이용자가 누구인지에 따라(네트워킹에 관심이 있는 이용자들과 판매자들) 지불 의사에 차이가 있다는 점을 계산한 것이다. 그에 더해 연간 서비스 가입자들에게는 이 모든 서비스에 대해 20%의 할인도 제공하고 있다.

싱 또한 프리미엄 모델을 채택하고 있다. 커뮤니케이션 소프트웨어인 스카이프도 모든 기능을 제공하지만, 무료 통화는 자신과 연결된 네트워크 내에서만 가능한 것으로 제한하고 있다. 사용자가 일단 직관적인 인터페이스에 익숙해지고 나면 일반 전화나 휴대 전화로 전화를 거는 비용을 지불할 의사가 더 높아질 것이라는 점을 겨냥한 것이었다. 초기에는 몇 분 동안의 개인 통화를 서비스하는 것이 스카이프의 주된 사업이었다. 그러다가 나중에는 전통적인 통신 기업들의 서비스와 비슷한 형태를 띠게 되었다. 현재에는 선택한 국내 네트워크에 한해 정액 요금제를 제공하고 있다.

4. 성공적인 프리미엄 가격 모델의 원칙

'전부 무료'로 이용 가능한 비디오 게임은 프리미엄 모델의 좋은 사례다. 그 사례가 '극단적인 경계선'이라 할 수 있기 때문이다. 즉, 우리는 이제 더 이상 80%의 수익이 20%의 고객에게서 창출되기를 기대하지 않는다. 현재의 사업 모델은 오히려 수백만의 이용자들을 끌어들이는 것에 의존하고 있다. 그들 중 극히 일부만이 '게임을 즐기면서' 구매를 할 것이다. 예컨대 〈월스트리트 저널Wall Street Journal〉의 분석에 따르면 온라인 게임 팜빌Farmville의 개발업체인 징가Zynga의 시대에는 5% 이하의 이용자들만이 무언가를 구매했다고 한다. 온라인 게임에 등장하는 소들에게 먹일 1달러짜리 건초 더미조차 거의 사지 않았다는 것이다.

프리미엄 가격 전략의 활용은 다른 것(이를테면 다음에 출시되는 게임)에 이끌릴지도 모르는 한정된 수의 게임 플레이어들의 변덕에 영향받기가 쉽다. 정액제의 경우보다 더욱 그렇다. 프리미엄 가격 모델에서는 적어도 (무료로 제공하는) 기본 서비스에 대해서는 한계 비용이 제로이거나 가능한 제로에 가까워지게 만드는 것이 중요하다. 그래서 '무료 서비스 제공'이 공급자에게 부담을 안겨주지 않도록 해야 한다. 그렇다면 프리미엄 가격 모델의 효율성을 높일 수 있는 네 가지 원칙을 살펴보자.

첫 번째, 시장이 분할 가능해야 한다.

프리미엄 모델이 성공하기 위해서는 여러 다른 이점을 원하는 여러 그룹의 고객들로 시장을 분화할 수 있어야 한다. 어떤 상품에 대해 거의 모든 고객이 동일한 특성과 동일한 수준의 서비스를 찾는다면 프리미엄 모델을 적용하기에 적합하지 않다. 그래서 링크드인은 프리미엄 모델을 차용해 성공한 반면 페이스북은 광고의 지원으로 운영되고 있는 것이다. 페이스북을 이용하는 거의 모든 사용자가 동일한 특성과 이점을 구하고 있다.

하지만 링크드인의 경우 대부분의 이용자가 링크드인을 업무상 지인들과의 연락망을 유지하는 방법으로 활용하거나 그들의 경력을 간략히 보여주기 위한 도구로 활용한다. 그러나 헤드헌터들은 그 이상을 원한다. 그들은 링크드인이 제공하는 고급 서비스를 이용하기 위해 기꺼이 매달 이용료를 지불하려 할 것이다. 일반 이용자들은 링크드인에서 링크를 공유하고 있는 사람들하고만 접촉할 수 있는 반면 고급 서비스 이용자들은 그들이 해당 일자리에 적합하다고 판단하는 모든 후보자에게 접촉할 수 있다.

두 번째, 상품의 변동비가 낮아야 한다.

거의 모든 웹사이트는 추가 고객에 대한 한계 비용이 제로에 가깝다 (2022년에 8억 번째 가입자를 맞이한 링크드인을 한번 생각해 보라). 비스타프린트가 100장의 명함을 인쇄하는 데 들어간 전체 비용은 본사의 직원들과 공장 가동을 포함한 모든 일반비를 감안한다면 꽤 높을 것이다. 그러나 기업의 생산과 일반 영업 기능이 지급 명령으로 충당이 된다는 점을 고려해 볼 때 수익을 넘어서는 지불 비용은 아주 적다. 오히려 정비사나 안경사는 양쪽 모두 프리미엄 모델을 성공적으로 활용하기가 어렵다. 두 경우 모두 한 명의 추가 고객을 응대할 때마다 발생하는 비용이 0을 훨씬 넘어서기 때문이다.

세 번째, 프리미엄 고객들은 유료 서비스의 홍보 대사가 되어야 한다.
클라우드 기반의 파일 호스팅 서비스인 드롭박스는 의도적으로 개인 파일을 업로드할 이용자들을 모집했다. 그러면 일반인들 사이에서 클라우드 기반의 파일 저장 시스템에 대한 요구가 높아질 것이고, 그렇게 되면 전체 작업을 수용할 수 있는 클라우드 기반의 파일 저장 시스템을 충분히 높은 가격에 기업들에게 판매할 수 있게 될 것이라 확신했기 때문이다. 이에 드롭박스는 소비자 고객과 기업들 사이에서 각자가 이용할 저장 공간의 양을 기반으로 시장을 분화하기가 쉬워졌다.

네 번째, 무료 버전에 대한 점진적 이용 제한을 도입해야 한다.
서베이몽키가 처음 사업을 시작했을 때는 수집할 수 있는 설문지의 숫자만 제한했을 뿐이었다. 하지만 서비스가 점차 성공하게 되자 프리미엄 이용자들에게 제공되던 서비스의 기능들이 적어졌다. 웹사이트가 오려 붙이기와 결과를 pdf 파일로 저장하는 기능을 제한했기 때문이다(결과를 온라인상에서 열람하는 것은 가능하더라도 말이다). 이는 점점 더 많은 이용자가 그 회사의 유료 서비스 중 하나를 이용하도록 만드는 데 아주 성공적인 효과를 발휘했다.

요약

- 프리미엄은 하나의 가격 결정 전략이다. 초기에는 기능들을 무료로 이용할 수 있지만 나중에는 비용을 지불해야 접근이 가능하게 되어 있는 경우가 많다. 프리미엄 전략의 목표는 무료 서비스 제공을 통해 초기에 최대한 많은 잠재 고객들을 끌어들이는 것이다.

- 서비스 공급자는 사용자가 일단 기본 기능에 익숙해지고 나면 더 질 높은 추가 서비스에 비용을 지불할 의사가 점점 높아질 것이라 기대한다.

- 무료 서비스 모델을 지원하기 위한 교차 보조에는 세 가지 유형이 있다.
  1. **무료:** 무료 상품이 유료 상품에 의해 직접적으로 보조를 받는 경우이다. '2+1' 상품들이 대표적인 예이다.
  2. **프리미엄:** 기본 버전은 무료로 제공되고 더 발전된 버전의 유료 상품의 보조를 받는 경우이다.
  3. **삼각화:** 비용이 지불된 상품에 대한 대가로 양자 간에 무료 상품이 교환되는 유형으로, 언론 매체들이 이런 특성을 가진 전형적인 모델이다. 무료 교환 관계인 양자 사이에 비용을 지불하는 제3자가 개입된다.

- 이 세 가지 형태의 교차 보조는 두 가지 가격 결정 방식을 기반으로

하고 있다. 한 가지는 가격이 제로인 경우, 즉 비용을 지불하지 않아도 되는 경우다. 또 다른 하나는 비용을 지불해야 하는 경우다. 그리고 현실 세계에서는 세 번째 경우도 볼 수 있다. 바로 '마이너스 가격'이다. 마이너스 가격의 경우 상품을 사용하는 소비자가 비용을 지불하는 것이 아니라 비용을 받는 것이다. 그 예로 마이크로소프트가 빙에 관한 연구를 진행하기 위해 이용자들에게 돈을 지불한 사례가 있다. 이른바 '리워드'를 제공해 다른 서비스로 전환할 수 있게 해준 것이다.

- 프리미엄 가격 모델의 효율성을 높이기 위한 네 가지 원칙은 다음과 같다.

1. 시장이 분할 가능해야 한다.

2. 상품의 변동비가 낮아야 한다.

3. 프리미엄 고객들은 유료 서비스의 홍보 대사가 되어야 한다.

4. 무료 버전에 대한 점진적 이용 제한을 도입해야 한다.

상품의 유료 버전 이용자들이 충분히 많이 있어야지만 사업이 손실을 입지 않게 되어 프리미엄 전략이 성공적으로 운영될 수 있다는 것은 자명한 사실이다.

앞으로는 많은 기업이 무료 상품 및 서비스를 제공하는 직접 경쟁 기업에 대한 대응에 나서야 할 것이다.

9장

동정 가격

"인생이란 당신이 다른 계획을 세우느라 바쁠 동
안 당신에게 일어나는 일들이다."

— 존 레논John Lennon

사례

당신은 피곤한 하루를 보내고 일터에서 집으로 돌아오는 길이다. 빨리 집에 도착하기를 바랄 뿐이다. 하지만 역에 당도하자 무언가가 잘못되었음을 깨닫는다. 사람들은 계단을 오르거나 내려가고 있고 주위는 혼란스럽고 소란하다. 전화기를 붙들고 초조한 목소리로 통화하는 사람들, 소리 내어 우는 어린아이들, 화장이 지워져 흘러내리는 얼굴로 자신의 가방 위에 걸터앉아 담배를 피우고 있는 여학생들.

혼란스럽기는 해도 역은 생기로 가득 차 있다. 서류 가방을 든 콧수염의 남자들은 절망감에 짓눌려 불행한 운명에 맞서고 있다. 대중교통 수단이 총파업으로 운행이 중단되었단다. 그로써 기차는 더 이상 다니지 않는다.

악몽에서 깨어나면서 매일의 일상이 시작된다. 당신이 상상해온 가능한 가장 좋은 삶과는 완전히 다른 모습이다. 음악을 들으며 뜨거운 물로 샤워를 하고 편안한 옷으로 갈아입고 한 잔의 와인과 함께 의자에 앉아서 아직 미처 펼쳐보지 못한 조간신문을 읽는다. 이것이 당신이 꿈꾸는 가정에서 누리는 기쁨일 것이다. 완전히 산산조각이 난 꿈이 아니라면 언젠간 이루어질 것이라 믿는다.

하지만 현실은 환상을 뛰어넘는다. 그래서 우리는 우리의 눈을 가리려고 위협하는 인내심으로 무장한 채 셔츠가 몸에 달라붙도록 땀 흘리며 노력하고 있다. 마이클 더글라스Michael Douglas가 주인공으로 등장하는 조엘 슈마허Joel Schumacher 감독의 영화 〈폴링 다운Falling Down〉의 한 장면과도 같이 말이다. 그보다 숨을 깊이 들이쉬어 보라. 한 번 더. 다시 한번 더. 지금으로서는 이것밖에는 할 수 있는 일이 없다.

그리고, 무언가 뜻밖의 일이 일어난다. 마치 악몽에서처럼 당신이 사람으로 가득한 대기실에서 밤을 보내야 한다고 생각하고 있을 때, 휴대폰에 우버에서 보낸 알림 메시지가 뜬다. 위기 시기의 구제 방안으로 집까지 태워다 주는 택시비를 50% 할인해 준다는 메시지이다. "인생이란 당신이 다른 계획을 세우느라 바쁠 동안 당신에게 일어나는 일들이다"라고 말한 존 레논이 옳았다.

어쩌면 그것이 바로 인생이다. 어떻게 될지 아무도 예상할 수 없으며 정리될 수 없는 것이다. 당신은 모든 것을 통제할 수 있다고 생각한다. 그러나 인생이란 당신이 다른 계획을 세우느라 바쁠 동안 당신에게 일어나는 일들이다. 그렇다. 이것이 모든 것의 핵심이다. 그리고 이것이 고객에게 전달되는 메시지이다.

실제로 편안하고 저렴한 자동차를 타고(만원 기차는 안 좋은 기억으로 남아 있다) 당신은 안전하게 집에 잘 도착한다. 심지어 평상시보다 더 편안하게 귀가한 것이다. 고객은 이 뜻밖의 감사한 운명의 선물에 영원히 감사하리라 생각한다.

이 사례는 비현실적이고 말이 안 되는 것처럼 보이겠지만 파업으로 보스턴과 런던의 대중교통이 마비되었을 때 우버가 고객들에게 실제로 제공한 서비스였다. 이것이 동조 가격이다. 동조 가격의 목표는 고객의 부정적인 경험을 바꿔주는 것이다. 이 경우에는 교통 파업을 긍정적인 경험으로, 즉 저렴한 가격의 택시로 귀가하는 것으로 바꿔준 것이다. 이 가격 전략은 브랜드에 대한 공감을 불러일으키고 무의식적으로 브랜드에 대해 긍정적인 태도와 감정을 발생시키려는 의도로 활용된다. 따라서 동조 가격 결정은 다음과 같이 정의될 수 있겠다.

'생활 속에서 최고조에 달한 고통을 덜어주기 위해 탄력적이고 창의적인 할인을 적용해 힘든 시기에 도움을 주거나 공유 가치를 인정하는 것.'

상황 분석

동조 가격은 전체적으로 어려운 상황에 놓여 있는 고객들에게 깊은 인상을 남길 수 있다. 기업의 목표를 달성하는 과정에서 이 '사회적' 가격 채택은 즉각적으로 긍정적인 영향력을 드러내지는 못하지만, 중장기적 차원에서 뿌린 만큼 거둔다는 논리에서 그 의의를 찾을 수 있다.

1960년대에 꿈에 관한 말들이 세계 무대에 처음으로 등장했다면 1980년대는 돈을 쉽게 버는 분위기가 최고조에 이르고 1990년대 이후에는 그런 분위기가 더욱 심화되었고 2000년에는 불확실성의 부담을 안게 되었다. 2021년 9월은 9·11 테러가 발생한 지 20년이 된 시기였다. 뉴욕의 쌍둥이 빌딩을 무너뜨린 테러리스트의 공격은 개인의 자유와 현시대의 민주주의 사회를 위협함에 따라 우리를 감시 자본주의 시대로 몰고 갔다.

기업들이 고객에게 그들의 요구에 집중하고 있으며 그들과 그들의 생활적인 어려움에 관심을 기울이고 있다고 계속 이야기한다 해도 그들은 믿지 않는다. PR 에이전시인 콘앤울프Cohn&Wolfe의 최근 조사에 의하면 소수의 소비자들만이 기업을 믿는 것으로 나타났다. 영국과 미국에서는 5%의 소비자만이 대기업들이 정말 투명하고 정직하다고 믿는다고 한다.

수많은 보고서와 여론조사, 소비자 연구가 이 데이터를 증명해 주고 있다. 진정으로 고객을 위하는 마음과 더 고매한 목표를 세우고 일반적으로 더 인간적인 브랜드가 되려고 노력하는 문제에 있어서 사람들은 일반적으로 대부분 기업들이 아직은 그 수준에 못 미친다고 생각한다.

정말로 소비자를 위한다는 것을 보여주려는 수년 동안의 홍보와 메시지 전달 등의 활동에도 많은 소비자의 마음속에는 여전히 깊은 회의론이 자리 잡고 있다. 보통 이러한 활동들은 일종의 백색 소음 속으로 사라질 때까지 사업 중심적으로 비치거나 기껏해야 비전이나 기약할 수 없는 약속의 영역으로 밀려나고 만다. 그에 따라 소비자들은 그것을 사실로 받아들이거나 그렇지 않으면 아예 무시해버리는 법을 배운 것이다.

최근의 다른 연구에 따르면 10% 미만의 미국 소비자와 세계 소비자의 20%가 브랜드가 '진정으로 사람들의 삶에 변화를 가져다준다'라고 믿는 것으로 나타났다. 고객들은 더 인간적인 브랜드가 되기 위해 새롭고 과감한 접근을 시도하는 브랜드나 유연한 가격 정책을 새롭게 시도하는 브랜드들을 훨씬 더 쉽게 받아들이는 경향을 보인다.

B2C와 B2B 부문 모두에서 동조 가격은 기업들의 자신감을 높여줌으로써 기업에 대한 이미지와 인식을 더 좋게 만드는 데 도움이 된다. 최적의 순간에 할인을 제공하는 것은 기업이 고객에 대해 신경 쓰고 있음을 보여주는 가장 효과적인 증거인 것이다. 이것이 그 기업에 대한 더 좋은 이미지와 고객의 신뢰 회복으로 이어져 소중한 브랜드 지원군을 얻게 된다.

이는 긍정적인 언론 보도가 가세하면서 장기적인 관점에서 기업의 수준이 한 단계 업그레이드되는 기회로 볼 수 있다. 그러므로 기업들은 동조 가격 정책을 어떻게 활용할 것인지에 대해 주의 깊게 고민해야 한다. 그렇다면 동조 가격 정책을 다음의 세 가지 유형으로 나누어 분석해보자.

첫 번째, 진통 가격 정책: 기업들은 고객이 일상적인 번거로움을 극복하는 데 도움을 주고자 문자 그대로 '진통제'로 이 전략을 활용한다. 우버의 일화는 진통 가격의 전형적인 예이지만 그 밖의 예들도 많이 있다. 하나의 예로, "오늘 주차 위반 벌금을 물었나요? 그렇다면 공짜 음료가 기다리고 있답니다!"와 같은 광고 문구도 이에 해당한다. 이는 호주 레스토랑 '멜버른 더울프앤드아이Melbourne The Wolf&I'가 매주 목요일 밤마다 주차 위반 딱지를 받은 이들에게 제공하는 서비스이다.

그리고 얼마 전 아르헨티나의 전자 브랜드인 BGH는 '우리 집은 오븐처럼 뜨거워요'라는 특별 여름 마케팅 캠페인을 진행한 바 있다. 집이 너무 덥다고 여겨지는 사람들에게 에어컨을 할인가에 제공한 것이다. 고객들은 그들의 아파트가 태양광에 노출되는 정도를 측정해주는 웹사이트에 앞다투어 접속했다. 주택이 흡수한 태양광의 양이 많을수록 BGH 에어컨의 할인율은 높아진다. 이 캠페인은 여름 동안 아르헨티나에서 진행되었다. 아르헨티나에서는 여름이 12월부터 3월까지다. 그 기간 동안 49,000대 이상의 에어컨이 할인 판매되었다. 유명 광고 에이전시 사치앤드사치Saatchi&Saatchi에 따르면 이 형태의 가격 전략을 도입함으로써 BGH의 매출은 1,400만 달러 이상 증대된 것으로 나타났다.

도쿄 도심의 아카사카 부근에 있는 일본 식당 '오타수케Otasuke'에 들어서면 가장 먼저 눈에 띄는 것이 '대머리는 아름답다'라는 슬로건이다. 그들은 머리털이 없어 고민인 고객을 대환영하며 '머리숱이 많은 언니 오빠들'에게는 주어지지 않는 할인을 제공한다.

일본에서는 대머리가 널리 확산되지는 않았지만, 일본의 가발 제조업체인 아데랑스Aderans에 따르면 26%의 남성들이 대머리로 고통 받고 있다고 한다. 유전적인 요인이 가장 크게 작용하지만 만성 피로에 시달리는 샐러리맨들의 스트레스 또한 중요한 역할을 한다. 그래서 오타수케(일본어로 '도움의 손길'이라는 뜻이다)는 대머리 고객들에게 할인을 제공하기 위해 동조 가격 결정 방식을 채택한 것이다. 이러한 방식으로 고객들이 자신의 (머리카락) 손실을 감추지 않고 수용하도록 격려하고 있다. 이 정신은 깨진 도자기를 금으로 복원하는 100년 전부터 전해 내려온 일본 전통 공예인 킨츠기kintsugi에도 잘 드러나 있다. 킨츠기는 깨진 부분에 집중하고 그 가치를 높이 산다. 문자 그대로 그 단어는 '금(킨)'과 '복원/보수/재결합(츠기)'이라는 말에서 유래한 것이다.

내포된 의미는 분명하다. 상처를 숨길 것이 아니라 그 상처에서 영감을 받되 훌륭한 특성을 보태어 새로운 모습으로 재창조하여 변화된 부분을 장점으로 승화시키라는 의미이다. 같은 맥락에서 "일본에서는 대머리를 미묘한 문제로 인식합니다. 그러나 할리우드에서는 이를 문제시하지 않고 그저 그들의 커리어를 자랑스럽게 이어나가는 스타들이 많습니다"라고 오타수케 사장인 요시코 토요다Yoshiko Toyoda는 말한다. "이런 정신을 살리는 것이 바람직하다고 생각했지요." 식당 앞에 세워져 있는 홍보 문구에는 직장 스트레스로 인해 '열심히 일하느라 머리카락이 빠져버린 우리네 아버지들'을 응원하는 마음이 담겨 있다. 대머리 고객들은 누구나 500엔(약 5달러)의 할인을 받으며, 그룹에 대머리 손님이 몇 사람이 있는지에 따라 할인액은 증가한다. 대머리인 다섯 명이 함께 술을 마시러 가면 한 사람은 공짜로 술을 마실 수 있다. 그 술집의 벽에 붙어 있는 포스터는 대머리에 대한 흥미로운 정보를 담고 있다. (대머리 인구가 가장 많은 국가는 어디일까? 정답: 체코 공화국(인구의 43%가 대머리이며 스페인과 독일이 그 뒤를 잇는다.))

또 다른 흥미로운 사례는 비 오는 날 호텔 객실을 할인해 주는 경우다. 누사 인터내셔널 리조트Noosa International Resort는 '비 오는 날 할인'이라는 이벤트를 선보였다. 고객이 리조트에 머무는 기간 중 지역 강우량이 5㎜가 넘어가면 객실 숙박료의 20%를 할인해 주는 행사다. 호주 퀸즐랜드의 유명한 선샤인 코스트에 위치한 이 리조트는 계절에 맞지 않는 갑작스러운 악천후(네 차례의 사이클론과 폭우, 홍수)가 발생한 후 관광객들을 끌어들이기 위해 이 이벤트를 들고 나선 것이었다.

기후적인 측면을 포함해 점점 불안정성이 나타나는 시대인 인류세 중에 일어나는 이러한 '이차적인 피해'를 고려하는 것은 아주 전략적이다. 이를 통해 고객이 현대의 삶에서 부딪히게 되는 큰 어려움에 대해 기업이 얼마나 잘 알고 많은 관심을 기울이고 있는지를 보여주는 것이다.

두 번째, 동정 가격 정책: 기업은 '삶이 녹록지 않을 때 우리가 당신 곁에 있다는 걸 기억하세요!'라는 메시지로 고객을 지원한다. 그리고 할인이나 무료 서비스를 제공한다. 빈곤층으로 살아가고 있는 이들을 위해 식품을 할인 제공하는 것을 생각해 보면 이해하기 쉬울 것이다. 지역공동체를 위해 운영되고 있는 영국의 한 슈퍼마켓은 동정 가격을 적용해 생활보호 대상자들에게 브랜드 상품을 할인된 가격에 판매한다. 이 프로젝트는 아스다Asda와 마크스앤드스펜서Marks&Spencer, 테스코Tesco, 테틀리Tetley와 같은 유명 체인점 및 브랜드의 후원을 받고 있다. 그들은 어떤 면에서든 판매 수준에 미치지 못하는 상품들을 그 슈퍼마켓에 공급하는 것이다. 이 제품들은 대부분 기부되거나 동물의 사료로 쓰이게 되는 경우가 많다.

동정 가격을 시행한 또 다른 사례는 스페인의 수도 마드리드의 티엔다 아미가Tienda Amiga의 사례다. 이 경우는 소기업이 그 지역의 실업자들에게 할인을 제공하는 경우다. 기업의 이름은 '친구 같은 상점'을 의미하며, 마드리드의 지역 시민 단체 '오르탈레사 민중 회의Asamblea Popular de Hortaleza'가 설립했다. 그들의 목표는 더 윤리적인 지역 경제를 구축하는 것이었다. 단 몇 개월 만에 150개 이상의 지역 상점들이 참여해 일자리를 잃은 이들에게 5~20%의 할인을 제공하기 시작했다.

직장을 잃은 언론인들에게 무료로 데이터베이스에 접근하도록 허락해 준 경우도 있다. 이것은 프레스폴리오스Pressfolios가 뉴저지의 최대 신문사인 스타 레저Star-Ledger에서 대량 해고된 언론인들에게 무료로 서비스를 제공한 방법이었다. 프레스폴리오스는 사용자들이 온라인 포트폴리오를 만들 수 있도록 지원한다. 정리 해고당한 언론인들은 3개월 동안 무제한으로 저장 공간을 사용할 수 있는 무료 프로 계정을 받는다. 원래는 매달 약 15달러의 비용을 지불해야 하는 서비스다. 회사 입장에서는 작은 도움의 손길이지만 자신의 자리와 확신을 잃어버린 이들에게는 실로 커다란 도움이 아닐 수 없다.

로우스Lowe's는 미국과 캐나다, 멕시코 전역에 가정용품과 철물을 판매하는 2,370개 이상의 매장을 관리 및 공급하는 기업으로 팬데믹이 발생하기 전 650억 달러 이상의 매출을 기록했다. 로우스 캐나다는 토론토에서 겨울 눈보라가 대부분의 나무를 파괴했을 때 동정 가격 정책을 도입했다. 로우스 캐나다는 토론토에 1,000그루의 레드 메이플 나무를 기증했다. 캐나다 달러로 한 그루에 30달러 가치의 나무들은 토론토에 있는 로우스 두 개 매장의 주차장에서 무료로 받을 수 있었고, 나무가 모두 소진될 때까지 선착순으로 나누어 주었다.

온라인 시장을 관리하며 업체들이 소비자에게 상품 및 서비스를 할인가에 제공하도록 해주는 그루폰 인디아Groupon India는 양파 가격 상승에 대응해 동정 가격 서비스를 적용했다. 그들의 웹사이트에서 매일 제공하는 할인 쿠폰을 통해 구매자들은 1kg의 양파를 9루피 (미화로 0.15달러)에 살 수 있었다. 이는 배송비를 포함한 가격으로, 정가의 8분의 1 정도의 가격에 해당한다.

세 번째, 타깃 가격 정책: 타깃 가격 정책을 채택하는 기업들은 공유 가치와 라이프 스타일을 가지고 있는 사람들에게 할인 및 사은품을 제공한다. 성격을 규정하기 힘든 밀레니얼 세대(18~35세 사이의 젊은이 들) 소비자를 끌어들이도록 해준 것이 바로 타깃 가격 정책이다. 밀레니얼 세대는 나라의 역사보다도 초콜릿바 가격에 더 관심이 많아 보이는 세대다.

기업의 미래 가치를 높이기 위해서는 이 연령대의 소비자를 사로잡는 것이 아주 중요하다. 이런 의미에서 더 엄격한 거래 조건을 요구하는 소매기업들이 점점 우세해지는 것이 또 하나의 도전이 되고 있다. 이를테면 호주의 대표 유통업체인 콜스Coles와 울워스Woolworths는 그들의 상품 카탈로그에 브랜드 이름을 올리기 위해서는 독점 판매 제품 라인과 상당한 사업 투자, 그리고 가격 할인을 요구하고 있다.

이런 행보는 편의점 채널에서도 점점 더 일반화되어가고 있다. 마즈Mars社의 스니커즈가 그 대표적인 예다. 마즈는 시장에서 더 큰 영향력을 발휘하기 위해서 그들만의 스토리가 필요하다고 판단했다. 또한 소매점에서 새로운 판로를 개척해 가격과 편의성에 대한 압박을 극복하기 위해서는 그것이 필수적이었다. 브랜드 스토리를 확실히 전달하는 동시에 소매 파트너의 수요를 촉발시킬 수 있는 아이디어를 개발하는 것이 과제였다. 이 마케팅 아이디어는 직접 접촉하기 어렵고 마케팅 활동에 무관심하며 언제 어느 방향으로 튈지 모르는 온라인 활동을 하는 대중을 대상으로 하는 것이었다.

이 아이디어는 헝거리즘hungerithm 개발로 현실화되었다. 헝거리즘은 고객의 기분을 모니터하는 헝거(갈망) 알고리즘이다. 헝거 알고리즘은 3,000단어 수준에서 매일 14,000개 이상의 트위터 메시지를 분석해서 구축되었다. 모든 트위터 메시지는 양극성, 주관성, 언어의 강도를 포착하여 단일 데이터 포인트로 재해석되었다. 그들은 트윗을 데이터 포인트로 변환하면 별도로 데이터베이스를 구축할 필요도, 소비자에게 물어볼 필요도 없다는 사실을 깨닫게 되었다.

헝거리즘은 10분마다 통합 데이터 세트를 분석해 그 결과에 따라 미리 정해져 있는 10가지의 다양한 정서 상태 중 하나에 분류한다. 인터넷에서 사용자 집단의 감정이 '냉정하게 안정된' 상태라고 표시되면 스니커즈의 가격은 (호주 달러로) 1.75달러에 머물렀다. 반면 결과가 '화가 난/정신이 나간' 상태로 바뀌면 가격은 0.50달러로 떨어졌다!

헝거리즘은 매일 24시간 실시간으로 주 7일 5주간 작동했다. 사람들은 인터넷(www.snickers.com.au)을 통해 헝거리즘의 분석 추세를 확인해서 스니커즈 쿠폰을 휴대폰에 내려받아 가까운 세븐일레븐에서 스니커즈를 사는 데 사용할 수 있다. 이 타깃 가격 전략은 마즈가 밀레니얼 세대의 주의를 끌고 그들과 소통하기 위해 선택한 현대적인 마케팅 전략으로, 이로 인해 스니커즈 매출은 20% 가까이 상승했다. 침체된 초콜릿바 분야에서는 꽤 만족스러운 결과라 해야 할 것이다.

타깃 가격 전략의 두 번째 사례는 네덜란드의 항공사 코렌돈Corendon이 제22회 소치 동계올림픽 중 러시아에서 동성애자의 인권을 옹호하는 캠페인을 벌인 것이다. 코렌돈 항공사는 동성애자들의 인권을 옹호하는 승객들에게 항공권 가격을 50% 할인해 주었다. 이 할인 서비스는 한 달간 제공되었고 항공권 가격은 399달러에서 799달러 사이를 오르내렸다.

프랑스의 대중교통 기업인 RATP는 공해를 줄이기 위해 스모그 지수가 높은 날에는 할인 운임을 받거나 무료 승차 서비스를 제공했다. 그렇게 함으로써 시민들이 차를 집에 놔두고 나오게 만들기 위한 것이었다. RATP는 며칠 동안 프랑스 수도를 뒤덮은 공해가 위험 수준에 도달했을 때 처음으로 이 서비스를 시행했다. 불행히도 이 공기 오염은 세계의 많은 도시에서 일반화되고 있다.

이지 택시Easy Taxi는 세계에서 가장 다운로드가 많이 된 택시 애플리케이션 중 하나로, 브라질에서 설립되어 이제는 세계 12개국의 170개 도시에서 이용할 수 있다. 그들은 혼자 타는 여성 승객을 위해 예약 요금을 (브라질 달러로) 70달러 할인해 주는 요금제를 출시했다. 이 서비스는 택시 기사가 여성 승객을 폭행한 일련의 사고 후에도 여성들이 계속 택시를 이용해 줄 것을 장려하기 위해 기획된 것이었다.

실리콘밸리의 소프트웨어 기업 앵커프리AnchorFree는 베네수엘라에서 핫스팟 쉴드Hotspot Shield(인터넷상에서 사생활을 보호해주는 애플리케이션으로, 가격은 무제한 사용을 조건으로 140달러이다)를 무료로 다운로드할 수 있게 했다. 미국에 본사를 둔 앵커프리의 프로그램을 통해 베네수엘라의 사용자들이 정부의 인터넷 봉쇄를 피해갈 수 있게 된 것이다. 이 서비스는 베네수엘라 정부의 인터넷 검열 강화로 인해 국민 사이에 불만의 목소리가 높아짐에 따라 제공된 것이었다.

그 밖에도 훨씬 더 비정치적이면서 더 사회적인 사례로, 미소를 짓는 것에 대해 할인을 제공하는 카페와 레스토랑도 있다. 혹은 고객들이 '좋은 아침이에요,' '안녕하세요,' '부탁드릴게요'라고 말하도록 장려하며 할인을 제공하기도 한다. 프랑스 리비에라(프랑스의 피한지)의 니스에 있는 쁘띠 시라Petite Syrah라는 카페에서는 손님들이 '안녕하세요'나 '부탁합니다'라는 단어를 말하면 할인을 제공한다. '봉쥬르(안녕하세요)'와 '실 부 쁠레(부탁합니다/실례합니다)'라고 말하고 커피 한 잔을 마시는 데는 1.40유로(약 1.5달러)가 든다. 만약 인사를 하지 않는다면 그 고객은 거의 4달러를 더 지불해야 하며, 사회적으로 합의된 최소한의 예의를 지키지 않고 응대 직원에게 퉁명스럽게 '커피 주시오'라고 지시한다면 무려 8달러를 더 지불해야 한다.

지금까지 우리는 B2C 사례에 집중해서 살펴보았다. B2C의 사례에서와 마찬가지로 동조 가격 전략(전통 가격, 동정 가격, 타깃 가격)은 B2B 분야에서도 널리 적용 가능하다는 점을 인식해야 한다. 그 이유는 기업 바이어들과 정부의 구매 관리 직원들은 어떤 면에서는 그들의 개인 생활에도 (긍정적 혹은 부정적인) 영향을 미치게 되는 전문가적 사고방식에 의존하고 있기 때문이다. 우리는 줄타기 곡예사다. 우리의 삶은 겉으로 보이는 외면과 내면이 균형을 이루고 있다. 중심을 잡기 위해서는 한쪽으로 치우친 관점이 아니라 강의 한쪽 제방과 다른 쪽 제방 사이의 균형점을 찾아야 한다.

사람들은 환경 친화(종종 겉으로만 환경친화적일 뿐, 이른바 '그린워싱(위장환경주의)'인 경우) 혹은 사회적으로 책임 있는 제품이라고 홍보하는 기업 마케팅의 압박 앞에서 그 기업이 얼마나 환경친화적일지에 대해 모두 의심의 눈길을 보낸다. 그와 같은 가격 정책은 혁신적인 전략으로 사회적 가격 결정을 채택하는 것이 판매자(기업 시장과 소거래 모두에서)로서도 어려운 일이라는 생각을 불러일으키며 상품 판매에 도움을 준다.

고통을 덜어주거나 도움이 필요한 때에 도움을 주기 위해서든, 아니면 비즈니스 관계를 지속하기 위해서든 이 모든 전략은 유연하고 수익성 높은 방식으로 활용할 수 있다. 대립적 논리에서 공유 경제로 바꾸어야 할 때인 것이다. 단순한 수익 추구에서 더 나아가 대우주와 사회적 시스템, 고객 지향을 고민하고, 화석 연료에서 점점 멀어질 수 있는 시장을 지향하는 수익으로 전환해야 한다.

이 개념은 국가와 지역을 막론하고 상품 판매의 모든 측면에서 유효하다. 현재는 그 어느 때보다도 모든 국가와 지역, 도시, 심지어 학교나 기관까지도 그들만의 과제 해결에 나서야 하는 때이기 때문이다. 이제 화석 연료는 과거의 유물로 남겨 두어야 한다!

요약

- 동조 가격은 다양한 상황에서 고객들에게 이익을 가져다줄 수 있다.

- 기업의 목표를 달성하는 과정에서 이 '사회적' 가격 채택은 즉각적으로 긍정적인 영향력을 드러내지는 못하지만, 중장기적 차원에서 뿌린 만큼 거둔다는 논리에서 그 의의를 찾을 수 있다.

- B2C와 B2B 부문 모두에서 동조 가격은 기업들의 자신감을 높여줌으로써 기업에 대한 이미지와 인식을 더 좋게 만드는 데 도움이 된다. 최적의 순간에 할인을 제공하는 것은 기업이 고객에 대해 신경 쓰고 있음을 보여주는 가장 효과적인 증거인 것이다. 이것이 그 기업에 대한 더 좋은 이미지와 고객의 신뢰 회복으로 이어져 소중한 브랜드 지원군을 얻게 된다.

- 긍정적인 언론 보도가 가세하면 장기적인 관점에서 기업의 수준이 한 단계 업그레이드되는 것을 기대할 수도 있다.

- 따라서 기업들은 사회적 가격 정책을 어떻게 활용할 것인지에 대해 주의 깊게 고민해야 한다.

- 콘서트나 TV 프로그램, 스포츠 경기, 또는 국경일과 같은 대중 행사와 연결 짓는 방법도 타진해 볼 수 있을 것이다. 아니면 최종 결승전에 오르지 못하고 탈락한 축구팀을 응원한 고객들에게 할인을 제공할 수도 있을 것이다. 혹은 개인적인 감정을 측정하는 빅데이터 분석을 통해 인생의 힘든 순간을 '위로해 주는' 개인 맞춤 할인 제도를 도입할 수도 있다.

- 소비자들에 의해 생성된 데이터는 힘든 하루를 보낸 고객들을 이해하고 그들이 작은 승리감을 맛볼 수 있도록 보상하는 데 도움을 줄 수 있다.

- 지금까지 도달한 결과를 기록해주는 운동 애플리케이션을 이용해 사용자가 5마일(8㎞)을 걸으면 에너지 음료를 할인받을 수 있게 해주는 것도 생각해 볼 수 있겠다. 아니면 (건강 분야라면) 다이어트를 성공적으로 지속하면 건강 샐러드를 할인해 주는 애플리케이션도

가능할 것이다.

- 일각에서는 이런 시나리오를 최악의 경우로 여기겠지만 우려스럽게도 빅브라더 기업은 모두의 사생활을 침범하고 있고 마케팅 전문가들은 오프라인 매장과 온라인 모두에서 점점 더 표적 광고를 하고 개인 맞춤화된 홍보 활동을 펼쳐나가고 있다.

- 게다가 B2B 부문에서 이 가격 정책의 활용은 미래를 위해 점점 더 전략적인 분야로 널리 확산할 것으로 보인다. 아마도 탄소 발자국을 줄이거나 환경 친화성을 높이고 기업의 사회적 책임을 다하려고 노력하는 기업들에게 더 많은 할인을 제공할 것이다.

가격 결정의 기술

THE PRICING MODEL REVOLUTION

10장

참여 가격

"상품에 가치만 있다면 고객은 반드시 돈을 지불할 것이다."

- 크리스 허포드Chris Hufford, 라디오헤드Radiohead 프로듀서

사례

1월이 시작되었다. 새해가 밝고 세일이 다가오고 있다. 물건을 아주 싸게 살 기회다. 그렇다면 세일은 어디에서 하는 것일까? 늘 그렇듯이 할인이 되기는 하지만 가격은 판매자에 의해서 책정된다. 하지만 그 반대를 한 번 가정해 보자. 얼마를 지불할지 결정하는 사람이 구매자라면 어떻겠는가?

뉴욕과 보스턴 등 여러 도시에 매장을 갖춘 샌프란시스코의 패션 기업 에버레인Everlane은 정기적으로 이른바 '자발적 지불 가격'이라는 할인 행사를 진행한다. 즉, 고객이 가격을 정하는 날인 것이다. 한편으로는 고객이 원하는 것에 더 가까이 다가가려는 행보로서, 다른 한편으로는 소셜 네트워크 시대에 발맞추어 즉각적인 소통 채널로서 '당신들'을 주인공으로 세우기 위한 행사이다. (유감스러울 때도 있지만) 과거에 많이 쓰이던 '선생님'이나 '부인'이라는 격식 있는 호칭은 공간이 사라진 디지털 시대에는 이제 존재하지 않는다. 우리 모두는 클릭 한 번이면 접근 가능해졌다. 어쨌거나 사람들 사이의 (중요한) 관계에 관한 이야기는 잠시 접어두고 거래 이야기로 다시 돌아가 보자.

선택 범위는 남성용과 여성용 면 티셔츠에서부터 다양한 색상의 캐시미어 스웨터와 고급 레저 웨어, 그리고 가방에 이르기까지 수백여 종에 달한다. 할인율은 20~60% 사이로 다양하다. 그렇다 해도 이런 종류의 가격 정책이 어떻게 고객에게 통할까? 기본적으로 이는 고객의 기대감을 관리할 줄 아는가의 문제이다. 고객은 재고나 잉여 상품의 경우를 제외하고는 어떤 옷에 대해서도 어떤 가격도 선택할 수 없다.

에버레인은 특정 판촉 기간, 이를테면 2021년 12월 26일과 같은 날을 정해서 구매자들에게 세 가지 가격 옵션을 제시한다. 그런데도 고객들이 60% 할인을 받아 구매할 수 있는 상품을 20% 할인을 받고 구매할 것이라 기대하기는 어렵다. 에버레인은 고객에게 가격 결정의 공을 넘겼다. 고객이 얼마를 지불할 것인지 직접 결정하도록 말이다.

에버레인은 소매점에서 전통적인 방식으로 보여주는 가격과 함께 각 상품의 실제 원가를 완전히 투명하게 공개하기도 한다. (그렇게 해서 상대적인 할인가뿐만 아니라 구매자들이 정가를 인지하도록 해주는 것이다) 에버레인은 이런 방식으로 고객을 안심시킨다. 메건 마클Meghan Markle 또한 그 고객 중 하나다. 고객들은 정가에 구매할 때조차 할인을 받는 것만 같은 인상을 받게 된다. 그래서 '이중 할인'을 받는다는 느낌이 구매 동기를 유발하는 것이다. 그리고 에버레인의 입장에서는 재고 상품을 처리할 수 있게 된다. 이 정도면 모두가 상생하는 게임인 것이다.

"저희는 전통적인 할인을 제공하는 대신 '자발적 지불 가격' 행사를 진행하는 것이 재고 관리 절차 및 수익 폭에 대해 고객들에게 완전히 투명해질 기회가 된다는 것을 알게 되었습니다."라고 에버레인의 CEO이자 창립자인 마이클 프레이스먼Michael Preysman은 힘주어 말했다. 또한 "세 가지 옵션을 제공함으로써 고객들이 각각의 상품이 어느 정도의 가치인지 알 수 있게 해주어 제대로 된 정보를 기반으로 결정을 내릴 수 있게 해주지요."라고 덧붙였다.

고객들이 상품 상세 페이지를 살펴볼 때 최저가는 제작비에 배송비를 더한 가격이며, 일반적으로 상품에는 일반 경비가 포함된다는 사실을 설명해주는 팝업창을 보여준다. 기본적으로 최저가는 에버레인에 아무런 수익을 발생시키지 못하는 것이다. 반대로 최고 가격의 경우 "이 가격에는 제작비와 배송비, 팀 경비가 포함되어 있으며 이 가격을 선택해 주시면 기업 성장을 위해 투자하는 데 큰 도움이 됩니다. 감사합니다!"라는 팝업창을 보여준다.

정상가는 가장 높은 할인가보다 몇 달러 더 높은 정도이며 제조 원가의 두 배 정도이다. 그래도 어쨌든 대부분의 경쟁사가 책정하는 가격에 비하면 그 이윤 폭의 몇 분의 일밖에 되지 않는 수준이다. 에버레인은 2015년 이후 정기적으로 이와 같은 수익화 접근법을 적용해왔다. 에버레인의 CEO는 처음에 이 가격 제도를 시험했을 때, 10%의 고객이 중간 가격이나 최고 가격을 선택했고 해를 거듭할수록 그런 추세는 더 두드러지고 있다고 말한다.

이러한 사례 기록을 통해 끌어낼 수 있는 결론은 우리는 모두 무언가를 살 때 투명한 가격을 환영한다는 것이다.따라서 '자발적 지불 가격' 판매는 구매자와 신뢰 관계를 '구축할' 수 있는 기회가 된다. 고객이 얼마를 지불하겠다고 선택하는지에 따라 그 구매가 기업에 어떤 영향을 미치는가에 대해 투명하게 소통할 수 있는 것이다. 구매자들은 그들에게 여러 가지 가격 선택권만 주어지는 것이 아니라 어떤 상품에 대해 불합리하게 비싼 가격을 치르지 않아도 된다는 사실에 고마워할 것이다.

이 가격 결정 모델을 어디에서 착안했는지 묻자 프레이스먼은 일종의 '자발적 지불 가격' 모델로 2007년에 발매된 라디오헤드Radiohead의 〈인 레인보우스In Rainbows〉 앨범의 온라인 판매에서 착안했다고 말한다. "저희는 라디오헤드의 실험 결과를 아주 흥미롭게 봤습니다. 음악 유료 고객 중 실제로 최저가를 지불한 이들은 별로 없었거든요."

실제로 앨범 발매는 성공적이었다. 앨범을 다운로드한 180만 명의 팬 중 60%가 무료 청취를 선택했고 40%가 평균 2.26달러를 지불했다. "디지털 음원 소득만 놓고 봤을 때 이 앨범에서 벌어들인 수익이 이전의 모든 앨범에서 얻은 판매 수익을 합산한 것보다 더 높았다"라고 라디오헤드의 톰 요크는 한 인터뷰에서 밝혔다. 더욱이 오프라인에서 실물 음반이 출시되고 난 후에는 온라인상에서 '자발적 지불 가격'으로 선 판매된 것에 영향을 받지 않았다. 이 앨범은 빌보드 해당 부문에서 1위를 차지해 3백만 장이 판매되었다.

해당 사례는 성공적이었다. 라디오헤드는 역시 라디오헤드이기 때문이다! 음반 가게에서 만난 조니 뎁Johnny Depp과 샤를로뜨 갱스부르Charlotte Gainsbourg가 헤드셋을 끼고 함께 〈크립Creep〉을 들으며 그녀가 그를 힐끔힐끔 바라보고 조니 뎁은 그녀를 보지 않는 척하다가 서로 눈이 마주쳐 미소 짓는 그 장면을 어떻게 잊을 수 있겠는가? 〈크립〉은 현대 음악이 선보인 곡들 중 가장 눈물샘을 자극하는 곡 중 하나다.

결국 행복은 그것이 다가오길 기다리는 게 아니라 믿고 움켜쥐어야 한다. 행복의 뒤를 쫓아야 하는 것이다. 어디로 향하는지 모를 때조차도 열심히 달려야 한다. 제발 행동하라. 밖으로 나가 행복으로 가는 엘리베이터를 잡아라!

이런저런 이유들로(음악 분위기와 그들이 음악에 담아내는 인생의 다양한 색조 등으로 인해) 라디오헤드는 그들의 음악과 가사에 기꺼이 비용을 지불하고자 하는 팬들을 보유하고 있다. 팬들은 밴드와 그들의 음악을 응원하는 마음에서 자유 의지로 비용을 지불하는 것이다. 간단히 말해서, '자발적 지불 가격' 모델은 고객 충성도를 기반으로 작동한다고 결론지을 수 있겠다.

충성 고객층이 있는 기업들은 이와 같은 유형의 소득화 전략을 활용함으로써 합리적인 소득을 발생시킬 수 있다. 한 연구는 구매자들이 그 회사의 소유주를 알고 있을 때 더 많은 돈을 지불하려 한다는 사실을 알아냈다. 예를 들어 고객층이 해당 브랜드에 특히 충성을 보인다면 '자발적 지불 가격' 정책을 일시적인 전략으로 활용하는 것을 고려해봄 직하다.

그렇다면 이번에는 샌프란시스코에서 런던으로 무대를 옮겨 보자. 런던에는 캐시미어 패션 기업인 런던 캐시미어 컴퍼니London Cashmere Company가 있다. 이곳에서도 마찬가지로 고객들은 얼마를 지불할지 선택할 수 있다. 가격 인하 코드가 직접적으로 표시되어 있다. 'CWYP15', 이것은 지불 가격 선택choose-what-you-pay 15%를 나타내는 약자이며, 'CWYP25'는 25%를, 'CWYP35'는 35%를 나타낸다.

자발적 지불 가격 정책은 고객의 구매 감각을 바꾸어 고객이 상품을 구매하고 있을 뿐만 아니라 특정한 생각에 지지를 표시한다는 느낌을 주기 위해 채택될 수도 있다. 예컨대 2015년 11월 7일 미국의 소매 체인 세븐일레븐7-Eleven은 세계 기아 퇴치 단체에 기부하는 것을 전제로 고객들이 직접 슬러시 가격을 결정하도록 했다.

고객들이 가격을 결정하도록 하는 방식은 라디오헤드의 사례에서 살펴본 것처럼 생각보다 높은 수익을 가져다주어 우리에게 놀라움을 안겨줄 뿐만 아니라 고객이 실제로 얼마나 상품의 가치를 인정하는지 보여주는 잣대가 되기도 한다. 만약 고객이 기대한 것보다 적게 지불한다면 우리는 상품의 금전적 가치에 대해 근본적인 피드백을 받은 것이나 마찬가지다. 그런 경우에는 어쩌면 마케팅 전략을 재고할 때가 온 것인지도 모른다.

상황 분석

참여 가격은 종종 자발적 지불 가격, 지불 가격 선택, 합당한 가격 지불과 같은 말들과 동의어로 간주되는 개념으로, 구매자가 상품이나 서비스를 판매하는 기업에게 지불할 가격을 독립적으로 선택할 수 있는 수익화 전략이다. 자유 가격이라고 부르기도 한다. 가격은 완전히 무료, 즉 0유로에서 시작하거나 극도로 낮은 수준에서 시작해서 고객이 원하는 만큼 올릴 수 있다. 때로는 구매자에게 도움을 주기 위해 하한 기준가나 제안 가격을 표시해 두기도 한다. 그렇다면 이번에는 이 수익화 전략에 약간의 변형을 가한 형태를 살펴보자.

자발적 지불 가격

참여 가격의 발전된 형태는 이른바 '자발적 지불 가격'이라고 부르는 지불 가격 선택 모델이다. 고객은 그들이 원하는 만큼 지불한다. 어떤 경우는 공급자가 그 가격에 판매할지를 결정할 수 없을 때도 있다. 혹은 하한선인 최저 가격을 제시하는 경우도 있다.

이런 유형의 가격 결정은 소비자 다양성을 고려해 가격을 차별화할 수 있게 해주는 동시에 구매자가 거래 최종가에 관한 결정 권한을 행사할 수 있게 해준다. 그렇게 해서 가격 결정 과정에 참여하게 되는 것이다. 구매자가 더 큰 결정권을 행사하는 참여적 가격 결정은 의도적 구매를 더 증가시킬 수 있다.

자발적 지불 가격 모델은 점차 시장의 관심을 끌고 있다. 거래량은 고객과 공급자 사이에서의 공평한 가치 배분에 대한 사회적 선호도에 달려 있다. 더욱이 장기적인 관점에서 공급자를 시장에 오래 살아남게 하겠다는 생각이 중요한 역할을 하기도 한다.

독일의 뮌스터 동물원은 자발적 지불 가격 모델을 활용해 여러 가지 캠페인을 벌였고 그 결과 한 달도 채 되지 않아 방문객 수는 5배 이상 늘어나 76,000명에 이르렀고 매출은 2.5배 상승했다. 방문객 한 명당 전년도에는 10.53유로를 지불한 것에 비해 올해는 평균 4.76유로를 지불했지만 방문객 숫자가 현저히 증가해 낮아진 가격을 모두 벌충하고도 남았다.

이와 같은 가격 정책을 활용해 동물원을 유지한다는 것이 장기적인 관점에서는 유별나 보일지도 모르겠다. 그런데도 뮌스터의 지역 경찰은(동물원에서 이 가격 모델 적용의 성공에 힘입어) 이 가격 모델을 교통 범칙금 부과에 도입하는 안을 검토하고 있다.

숙박 및 접객 분야에서 자발적 지불 가격이 맨 처음 도입된 사례는 이탈리아 친퀘테레의 언덕에 있는 한 조그마한 사랑스러운 호텔 옴홈OmHom으로, 기업가 루카 팔메로Luca Palmero가 경영하는 곳이다. 완전히 투명한 가격 정책을 도입함으로써 고객들이 호텔 경영에 드는 비용에 대해 명확히 이해할 수 있도록 하고, 1박에 200달러의 가격을 제안하고 있다. 그중 39%는 인건비로 들어가며, 20%는 공급 물자와 서비스, 19%는 전기 등의 공공요금, 17%는 경영관리, 5%는 마케팅 비용으로 쓰인다.

팔메로는 그가 '대기 객실'이라 이름 붙인 서비스도 제공한다. 이는 나폴리식의 '카페 소스페소caffe sospeso', 즉, '대기 커피'에서 차용한 아이디어다. 카페에서 마시는 커피가 모든 시민의 존엄성이자 기본 권리의 문제로 받아들여지는 이 '의심할 여지 없는 에스프레소의 중심지'에서는 커피를 사서 마실 형편이 안 되는 누군가를 위해 여분의 커피 한 잔 값을 더 지불하는 것이 일반적인 관례이다. 그래서 팔메로는 얼마를 지불할지 선택하는 과정에서 인간의 본성을 보게 된다고 한다.

두 번째 사례는 프랑스의 호텔 체인 아코르의 자회사인 싱가폴의 IBIS 호텔이다. 이 가격 모델은 뮌스터 구 시청사에 있는 평화관Hall of Peace에 입장하는 데 시험 적용되기도 했다. 방문객 수는 평상시보다 더 많지 않았고 '지불한 입장료는 평상시보다 약간 더 높은' 것으로 나타났다. 일반적으로 평화관에 입장하기 위해서는 성인은 2달러, 어린이는 1.5달러의 입장료를 내야 한다. 우리는 두 뮌스터 실험의 결과가 차이를 보이는 이유가 다른 가격 수준 때문이라고 본다. 극장에서도 동일한 실험을 진행해 보았지만, 동물원에서와 마찬가지로 고객이 평상시 가격보다 훨씬 낮은 가격을 지불하는 것으로 나타났다.

함부르크의 리퍼반Reeperbahn(함부르크 최대의 유흥가이자 홍등가)에 위치한 슈미트 극장도 이와 비슷한 가격 정책을 시행하고 있다. 관람객들이 합리적이라고 생각하는 만큼만의 관람료를 지불하게 하는 것이다. 심지어 1달러만 내는 이들도 관람권을 받을 수 있다. 취리히에 있는 베를린 국립극장에서도 이와 동일한 가격 정책을 시행한다.

한 달에 한 번 모든 좌석이 매진될 때까지 자발적 지불 가격을 적용해 관람권을 판매하는 것이다.

자발적 지불 가격을 적용하는 사례들은 케이터링이나 와인바, 호텔 등의 서비스 분야에서도 찾아볼 수 있다. 서비스를 이용한 후에나 결제할 때 고객은 그들이 선택하는 가격을 지불한다. 서비스 공급자는 가격에 관해서는 그들의 운명을 고객의 손에 맡기는 것이다. 이런 경우, 꽤 많은 수의 고객이 각종 경비를 충당할 수 있는 가격을 지불하는 반면, 그와 동시에 이런 상황을 이용하는 고객도 있다.

동물원이나 극장의 사례에서와는 달리 변동 가격이 서비스 공급자의 위험 부담을 높이는 경우도 있다. 그 예를 살펴보자.

오스트리아 빈 소재의 인기있는 파키스탄 레스토랑인 데르 비너 디완Der Wiener Deewan은 파키스탄 음식을 맛보고 싶어 하는 사람이라면 누구에게나 뷔페를 제공한다. 자발적 지불 가격으로 제공되는 뷔페는 다섯 가지의 다양한 커리 요리와 세 가지 채식주의 옵션, 그리고 두 가지 고기 요리를 제공한다. 게다가 매월 첫 번째 월요일에는 '원하는 대로 연주하는' 즉흥 연주를 감상할 수도 있다.

런던에서는 2009년에 리틀 베이Little Bay 레스토랑이 자발적 지불 가격을 도입한 후 정가 메뉴를 판매했을 때보다 매출이 20% 상승하자 갈빈 앳 윈도우스Galvin at Windows와 같은 다른 많은 레스토랑이 동일한 방식을 시도하기 시작했다. 가격은 고객의 재량으로 메뉴 하나당 25파운드에서 65파운드까지 다양했다.

베를린의 한 와인바인 바이너라이Weinerei는 자발적 지불 가격 정책을 와인에 도입했다. 저녁 8시 이후에는 와인 한 잔을 2유로에 마실 수 있다. 그뿐만 아니라 이 '상징적'인 금액의 돈을 지불함으로써 모든 와인에 무제한으로 접근할 수 있는 권한을 가지게 된다. 고객은 그들의 간이 해독할 수 있는 한 모든 와인을 마실 수 있는 것이다. 와인바를 떠날 때 고객은 그들이 마신 와인의 가치에 걸맞다고 생각하는 가격을 지불한다.

미국 테네시주 잭슨시의 컴유니티ComeUnity는 매일 바뀌는 메뉴를 제공한다. 대부분이 지역에서 재배한 유기농 계절 식단으로 구성되어 있으며 자발적 지불 가격 정책을 채택하고 있다. 컴유니티의 사명은 사랑하고 양육하고 존엄성을 부여하는 것이다. 만약 고객이 음식값을 지불하지 못하면 컴유니티는 건강하고 따뜻한 음식을 제공한 대가로 한 시간의 자원봉사 기회를 제시한다.

카르마 키친Karma Kitchen처럼 미국, 인도, 말레이시아, 인도네시아, 싱가폴, 영국, 일본, 프랑스, 스페인, 두바이에 걸쳐 체인점을 둔 경우도 있다. 어느 곳에서 카르마 키친을 이용하든 식사를 마칠 때쯤 당신은 0.00달러라고 찍혀 있는 영수증과 함께 '당신의 식사는 당신보다 먼저 온 누군가가 선물로 준 것입니다. 이 선물 릴레이를 이어가기를 원하신다면 뒤에 오는 손님을 위해 미리 식사비를 지불해 주세요.'라고 적혀 있는 쪽지를 함께 받게 된다. 이에 대해 고객은 돈으로든 시간으로든 그들이 원하는 방식으로 음식값을 지불할 수 있다.

버거킹Burger King 또한 자발적 지불 가격을 시행한 적이 있다. 하지만 그 수익금을 자선 단체에 기부하는 것을 전제로 단 하루 동안 와퍼 버거에 한해서만 진행했다.

컴퓨터 게임 분야에서도 자발적 지불 가격의 사례를 찾아볼 수 있다. 2010년 이래 험블 번들Humble Bundle은 구매자가 정한 가격에 구매할 수 있는 작은 게임 모음 상품을 내놓았다. 마찬가지로 이탈리아인이 개발한 소설 집필을 도와주는 비비스코bibisco 소프트웨어도 자발적 지불 가격 정책을 따르고 있는데, 이는 개발자의 강한 신념을 반영한 것이다.

일부 박물관들 또한 동일한 행보를 보이기 시작했다. 예를 들면, 독일 에센의 레드닷red dot 박물관은 4,000m의 공간을 국제 디자인상을 받은 작품들을 전시하는 데 할애하고 있고, 매주 금요일마다 방문객들이 입장료를 스스로 결정하도록 한다.

컨설팅 업계에도 자발적 지불 가격이 존재한다. 경험 경영 전문가들로 이루어져 있는 벨기에의 컨설팅 전문 팀 칼레파그룹KalepaGroup은 창립자 중 한 명(그녀는 실제로 자발적 지불 가격을 주제로 한 연구 논문을 쓰기도 했다)의 철학을 따라 영감을 주는 자문에 대해 얼마를 지불할지 고객이 직접 결정하도록 한다.

2021년 스코틀랜드에서는 팬데믹이 한창인 시기에 자발적 지불 가격을 시행하는 첫 번째 서점이 문을 열었다. 이 서점은 낭비는 싫어하지만, 책은 사랑하는 이들을 위한다는 특별한 철학을 기반으로 운영되고 있다. 그래서 누구나 쉽게 접근 가능한 서점이 되고자 한다. 이런 경우는 사업 운영의 목표가 수익 창출보다는 손해를 보지 않고 경비를 충당하는 데 있을 것이다.

이 밖에도 오픈 북스Open Books와 같은 온라인 서점의 사례도 있다. 그들은 가장 먼저 책을 읽는 독자들을 대상으로 해당 전자책에 대해 원하는 가격을 지불하게 하는 가격 정책을 이미 2016년에 시행하기 시작했다. 이 경우 '가격 결정'의 순간이 일반적인 경우처럼 '사전,' 즉 소비자가 상품을 경험하기 전인 거래가 시작되는 시점이 아니라 '사후'로 바뀌는 것이다. 즉, 가격 책정을 소비자가 경험하고 난 뒤로 미루는 것이다. 이렇게 사후 가격 책정을 위해 활용되는 자발적 지불 가격 정책은 기대에 미치지 못하는 책을 사는 위험을 감수하고 싶어 하지 않는 독자들을 끌어들일 수 있는 품질 보장 신호의 역할을 한다.

축구에서도 우리는 자발적 지불 가격 모델을 경험한 바 있다. 캐나다 프리미어리그 팀인 아틀레티코 오타와Atlético Ottawa는 2021년 이 가격 정책을 시행하기로 했다. 그래서 오타와의 TD 플레이스TD Place 경기장에서 열린 첫 번째 경기에서 15,000명의 축구팬은 자발적 지불 가격으로 입장료를 치를 기회를 얻게 되었다. 입장료는 0달러에서 시작해 5달러 단위로 가격을 높일 수 있었고 최대 가격은 50달러로 정해져 있었다.

아틀레티코 오타와의 운영진은 후에 이 개막 경기 이벤트를 하게 된 이유에 대해 코로나19 팬데믹 기간 중 시민들이 느끼고 있는 답답함을 덜어주고 아틀레티코 오타와가 홈 경기를 할 때 응원하고 싶어 하는 이들 모두에게 그렇게 할 수 있는 기회를 주고자 마련한 이벤트였다고 밝혔다.

때로는 다음 급여일이 되기 전 월말이 가까워져 오면서 얼마의 돈이 더 필요한 경우가 있다. 그럴 때 은행에서 대출을 받기가 어려운 이들의 유일한 선택지는 친구나 가족에게 돈을 빌리거나 고금리 대출을 신청하는 것이다. 액티브아워스Activehours라 불리는 새로운 서비스는 이럴 때 활용할 수 있는 대안을 마련해 준다. 당신이 급여를 벌고 있는 동안 '당신의' 급여에 접근할 수 있게 해주는 것이다. 어떻게 그것이 가능할까?

서비스 작동 방식은 다음과 같다. 사용자들은 그들이 이미 일한 시간에 해당하는 다음 급여를 하루 최대 100달러까지 선불로 받을 수 있다. 여기서 색다른 점은 무엇일까? 신청자가 서비스 비용을 치르고 싶어 하지 않는다면 이자나 수수료가 없다는 사실이다. 액티브아워스는 이른바 이용자들의 '자발적 제안'으로 운영된다. "고객은 원하는 만큼 혹은 합당하다고 생각하는 만큼 지불할 수 있고 심지어 돈을 아예 지불하지 않을 수도 있습니다"라고 액티브아워스의 창립자인 램 팔라니아판Ram Palaniappan은 말한다. "저희에게 지속해서 기부해 주시는 분들도 계시고 서너 번, 혹은 다섯 번 거래할 때마다 한 번씩 기부하시는 분들도 계십니다. 그래서 저희는 아주 수익성 높은 기부 모델을 가지고 있는 셈입니다."

액티브아워스에 회원 등록을 할 때는 당신이 현재 사용 중인 계좌의 계좌 번호를 제공해야 한다. 돈이 필요할 때는 근무 시간 기록표의 스크린샷을 전달해 주기만 하면 된다. 계좌에 얼마가 입금되어야 하며 얼마의 기부금을 낼지는 스스로 결정하는 것이다. 어떤 조건 하에서 어떻게 할 것인지 결정해 보는 전형적인 사례라 할 수 있다.

액티브아워스 애플리케이션은 각 거래에 대해 5가지의 기부금 옵션을 제안한다. 첫 번째 옵션은 항상 0달러이다. 예를 들어 100달러를 선물로 지급 받게 되면 0달러, 3.84달러, 5.68달러, 7.89달러, 10.99달러의 기부금 옵션이 제시된다. 이 대출은 단기간(이를테면 일주일간) 제공되는 것이므로 1%를 기부금으로 낸다 해도 이는 아주 높은 이율에 해당하는 것이다. 더욱이 고객이 '기부금'을 지불할 때는 이용자 서비스를 반복적으로 이용하기를 원하기 때문인 것으로 볼 수 있다.

자발적 지불 가격의 변형 모델은 고객 만족도에 따라 달라지는 가변적인 가격들이다. 이 방식은 경영 컨설팅 분야에서도 종종 활용되고 있다. 고정 가격에 더해 가변적 요소를 적용하기로 합의하는 경우 정해져 있는 만족도 기준에 따라 고객이 그 가격을 결정하기도 한다. 이 경우에도 공급자는 가격 결정을 고객의 손에 맡기는 것이다. 컨설팅 회사는 무조건적인 할인을 허용하는 쪽과 만족도를 기반으로 하는 가격 중 선택해야 한다면 후자를 선호할 것이다.

팁을 지불하는 것은 자발적 지불 가격의 더 확장된 변형 모델이다. 일반적으로 고객이 정식으로 제시된 가격보다 더 많은 금액을 지불하겠다고 결정하는 것이다. 케이터링이나 미용, 짐 운반과 같은 서비스에서 주로 많이 볼 수 있다. 그런데도 팁이 진정으로 자발적이지 않은 경우도 존재한다. 예컨대 미국의 레스토랑에서는 직원에게서 부정적인 반응이나 질문을 받지 않으려면 최소 10%에서 20%의 팁을 '지불해야만 한다'. 팁은 종종 정해져 있는 급여 대비 서비스 직원들의 가장 큰 수입원이기도 하다.

마지막으로 기부금은 자발적 지불 가격 모델의 제3의 변형 모델로 분류될 수 있다. 그러나 이 경우는 엄밀한 의미에서 권리를 주장할 수 있는 구체적인 상대가 존재하지 않기 때문에 '가격'이라고 보기는 어렵다.

당신이 원하는 가격을 제시하라

'구매자 호가' 방식은 판매자가 구매자로 하여금 상품이나 서비스에 대해 지불하고자 하는 최종 가격을 결정하도록 하는 수익화 전략이다. 그러나 제시 가격이 최저 가격과 동등하거나 더 높아야지만 거래가 이루어질 수 있다. 이 최저 가격은 판매자가 공개하지 않는다.

거래는 다음과 같이 이루어진다. 판매자가 거래가 성사될 수 있는 최저 가격을 염두에 두고 판매할 상품을 소개한다. 구매자는 이 최저 가격을 볼 수 없다. 구매자가 상품이 마음에 들면 상품에 대해 최초 거래 가격을 제시하는 것이다. 이 판매 방식은 고객이 상품을 정말 사고자 하는 지불 의사를 드러낼 것이라는 기대감을 전제로 하고 있다. 그리고 구매자의 가격 제안은 법적인 구속력을 지닌다. 구매자가 제시한 가격은 신용 카드나 자동 이체를 통해 지불이 확정된다.

고객이 제시한 가격이 최저 가격과 동일하거나 더 높다면 고객이 제시한 가격대로 거래가 성사된다. 하지만 고객이 제시한 가격이 판매자가 책정한 최저 가격보다 낮다면 구매자는 다음 라운드에서 제시 가격을 조정할 기회가 주어진다. 즉, 역(逆)경매 방식이라 볼 수 있겠다.

전통적인 경매에서는 판매자가 여러 명의 구매자들이 서로 구매 경쟁을 벌이는 상품이나 서비스를 내놓는다. 그리고 가격을 지불할 수 있는 구매자가 그 상품이나 서비스를 가져간다. 하지만 역경매에서는 그 단어에서 짐작하듯이 구매자와 판매자의 역할이 뒤바뀐다. 즉, 구매자가 제시한 가격에 서비스를 공급할 수 있는 판매자가 경매에서 승리하는 것이다.

미국 기업인 프라이스라인Priceline은 고객이 원하는 가격을 제시하는 가격 모델의 최초 도입자로 알려져 있고 이후에는 여행 사이트인 핫와이어Hotwire와 같은 기업들이 이를 차용했다.

항공사들이 좌석의 3분의 2만 채운 상태로 정기적으로 운항되어 결국은 수백만 개의 좌석이 빈 채로 운항한다는 인식을 얻게 되면서 다음의 질문을 던지게 된 것이다. 만약 수요를 끌어내어 비행기 좌석이나 호텔 객실을 채우기 위해 인터넷을 활용한다면 어떤 일이 벌어질까? 고객이 정가를 지불하기보다는 그들이 원하는 가격을 제시할 수 있게 된다면 어떨까? 이 질문에 대해 처음에 항공사들이 보인 반응은 회의적이었다. 그들은 제 살 깎기를 원하지 않았다.

그러나 핫와이어의 설립자들은 '최저 가격선'이라는 단어를 사용함으로써 그들의 의심을 불식시켰다. 최저 가격선은 판매자들이 그 아래로는 판매하기를 원치 않는 기준 가격을 말한다. 그러나 최저 가격선 아래로 가격이 내려가면 남는 자리를 메꾸기 위해 충분한 수요를 발생시킬 수 있다. 이런 차원에서 기업이 상품을 더 낮은 비밀 가격에 판매할 수 있게 하기 위한 '불투명한' 가격 정책을 적용해야 한다는 주장이 제기되기도 한다.

가격을 낮추어 판매하는 경우 표적 고객은 가격 변동에 따라 구매를 결정하는 고객들이다. 그들은 경유지나 목적지, 비행 날짜, 묵을 호텔의 등급 등을 항공기 가격에 맞춰 선택한다.

운임을 결제하고 난 뒤 웹사이트는 비행 스케줄과 항공사, 경유지, 혹은 호텔명 등을 알려준다. 하지만 환불이나 조건 수정, 취소는 불가하다.

프라이스라인닷컴(priceline.com) 관계자의 설명은 다음과 같았다. "고객이 가격을 먼저 제시하는 방식은 구매자의 유연성을 이용하려는 방식입니다. 판매자는 기존의 유통 채널이나 소매 가격 구조를 침해하지 않고 재고 상품을 판매하기 위해 더 낮은 가격을 수용하는 것이죠."

오늘날에는 이 수익화 접근법을 주로 음악 산업에서 찾아볼 수 있다. 2011년에 해체된 유명 그룹 R.E.M.의 리드싱어 마이클 스타이프Michael Stipe는 이 가격 결정 방식으로 팬들에게 음악 상품을 제공하기 시작했다. 예컨대 그는 〈드라이브 투 디 오션Drive to the Ocean〉 트랙과 관련된 패키지를 내놓았다. 정식 뮤직비디오와 사진, PC와 태블릿용 배경 이미지, 가사 등 여덟 가지로 구성된 패키지를 새롭게 선보이며, 팬들에게 최저 0.77센트부터 시작해 원하는 가격을 지불하게 한 것이다.

가수 및 그룹들이 음원을 판매하는 웹 서비스인 밴드캠프Bandcamp는 음원을 내려받으려는 이들에게 구매자 호가 방식으로 음원을 판매하고 있다. 마찬가지로 해당 밴드는 제작 음원에 대한 최저 가격을 정할 수 있으며, 구매자들은 그들이 원하는 만큼 추가 금액을 지불할 수 있다.

의류 산업에 여전히 영향을 미치고 있는 중요한 문제 중 하나는 경제적 접근성이다. 이것이 가멘토리Garmentory가 이 분야에서 변화를 불러일으키기 위해 나선 이유다. 가멘토리는 디자이너 의류와 부티크의 상품들을 판매하는 온라인 마켓이다. 이곳 또한 고객이 원하는 가격을 제시하도록 하고 있다. 이 행보로 인해 신예 디자이너들은 고객과 직접 소통할 수 있고 고객은 부담 없는 가격에 신예 디자이너의 의류를 구매할 수 있는 새로운 공간을 가질 수 있게 되었다. 유명 브랜드 갭Gap 또한 이 접근 방식을 따르고 있다. 글자 그대로 '갭 마이 프라이스Gap My Price'라는 이름의 판촉 행사를 통해 의류 상품을 판매한다.

눈에 띄는 또 하나의 사례는 '베스트 오퍼'를 슬로건으로 내건 이베이eBay의 사례다. 이베이는 구매자가 기꺼이 지불하고자 하는 만큼의 가격을 판매자에게 지불하게 한다. 판매자는 그 가격을 수용할 수도, 거절하거나 다른 가격을 제안할 수도 있다.

어쨌든 구매자 호가 모델은 애초에 기대한 만큼 성공하지는 못했다. 많은 수의 고객이 수익이 발생하지 않는 터무니없이 낮은 가격을 제시했기 때문이다.

프라이스라인은 지금도 존재하지만, 이제는 다른 사업 모델을 추구하고 있다. 현재에는 온라인 여행 예약 서비스의 선두 기업 중 하나인 부킹 홀리데이스Booking Holidays를 운영하고 있다. 부킹 홀리데이스는 2020년에 약 70억 달러의 매출을 올리고(팬데믹 이전인 2019년에는 150억 달러 이상의 매출을 올린) 주식 시장에서의 거래액이 950억 달러에 이르는 거대 기업이 되었다.

이 가격 정책의 최대 기여자는 네덜란드에 본사를 둔 부킹닷컴(booking.com)이다. 고객 호가 모델은 매출 증가에 크게 도움이 되지 않아, 익스프레스 딜Express Deals로 대체되는 실정이다. 익스프레스 딜은 프라이스라인이 시장 최저가를 보장해주는 서비스다. 만약 최저가격이 아니면 고객은 그 차액의 200%를 보상받을 수 있다. 이 모델은 기본적으로 극도로 가격에 민감해 특별히 낮은 가격을 위해서라면 여러 차례 비행편을 갈아타는 불편함까지도 감수할 준비가 되어 있는 소비자들에게 재고 상품을 파는 데 활용된다.

고객의 지불 의사를 드러내 준다는 차원에서 흥미로운 잠재력을 가지고 있는데도 구매자 호가 모델은 지금까지 기대에 부응하는 결과를 가져오지는 못했다. 그렇다고 해서 이 모델이 앞으로 재활용되거나 리마케팅에 활용될 수 있는 적합성 논의 가능성을 배제할 수는 없다.

요약

- 참여 가격은 구매자가 상품이나 서비스를 판매하는 기업에게 지불할 가격을 독립적으로 선택할 수 있는 수익화 전략이다. 가격은 무료, 즉 0달러, 혹은 극도로 낮은 수준에서 시작해서 고객이 원하는 만큼 올릴 수 있다.

- 때로는 구매자에게 도움을 주기 위해 하한 기준가나 제안 가격을 표시해 두기도 한다.

- 이른바 '자발적 지불 가격'이라고 부르는 지불 가격 선택 모델에서는 기업이 소비자에게 스스로 가격을 결정하게 함으로써 전통적으로 수익을 추구하는 기업의 중요한 경영 특권을 포기하는 것이다.

- 비영리 단체들은 많은 고객을 끌어들이기 위해 오랫동안 이 가격 모델을 활용한 바 있으나 최근에는 많은 영리 기업들이 전자책, 헤드셋, 음악 앨범, 저작자 권리, 자동차 예비 부품, 레스토랑, 경영 컨설팅 서비스 등 광범위한 상품 및 서비스를 대상으로 자발적 지불 가격을 성공적으로 도입하고 있다.

- 최근에 이와 같은 가격 정책의 인기가 급상승한 것은 그 혜택이 시장 침투에 그치지 않고 그 이상으로까지 확대되고 있기 때문이다. 즉, 단기 판촉을 위한 가격, 혹은 저작권 침해를 줄이기 위한 가격, 이용자의 기부를 유도하는 가격 등으로 활용될 수 있다.

- 구매자 호가 방식은 판매자의 입장에서는 고객이 그들의 진정한 지불 의사를 드러낼 것이라는 기대감을 전제로 한 방식이다. 고객이 제시하는 가격은 법적 구속력을 지닌다. 지불은 신용카드 번호를 제공하거나 자동 이체로 확정된다. 고객이 제시하는 가격이 공급자만이 알고 있는 최저 가격보다 높을 때 고객은 구매 계약을 따내고 제시한 가격을 지불한다.

- 자발적 지불 가격과 구매자 호가 모델 사이에는 기본적인 차이점이 있다. 후자의 경우 고객이 제시한 가격을 수용할지 거절할지를 결정하는 것은 판매자다. 자발적 지불 가격제에서는 지불이 이루어지기

전에 소비와 사용이 이루어지기도 한다. 혹은 공연 등의 경우라면 입장할 때 원하는 가격을 미리 지불한다.

- 실제로 이 가격 모델들은 다음의 어려운 질문에 답해야 한다. '왜 고객은 반드시 가격을 지불하지 않아도 되는데도 가격을 지불해야 하는가?'

- 여러 사례에서 보았듯이 사람들은 가격을 지불할 의무가 없는데도 가격을 지불한다.

- 이 추론의 뒤에는 아주 폭넓은 사고와 공정하고자 하는 내재적 요구가 도사리고 있다. 그러므로 이 논리를 이해하고 적용하는 것은 기업에 참여 가격을 성공적으로 도입하는 데 필수적이다.

- 고객이 얼마를 지불할지 결정하게 하는 방식은 라디오헤드의 사례에서 보듯 수익적인 면에서 뜻밖의 성과를 안겨줄지도 모른다. 그와 동시에 고객이 진정으로 그 상품을 얼마나 인정하는지를 드러내 줄 수도 있다.

- 고객이 기대한 것보다 적게 지불한다면, 그 또한 비록 부정적인 의미일지라도 똑같이 중요한 의미로 받아들여야 할 것이다. 아마도 마케팅 전략을 다시 검토해야 할 때가 온 것인지도 모른다!

11장

신경과학적 가격 결정

"당신의 뇌는 당신이 깨닫기도 전에 10초 내로 결정을 내린다."

– 존 딜런 헤인즈 John-Dylan Haynes**, 신경과학자**

사례

모든 경영자의 꿈은 가격을 높이고 고객이 더 높은 가격을 지불하면서도 더 적게 지불할 때보다 더 행복해지는 것이다. 발트해에 있는 바이젠하우저 스트랜드Weissenhaeuser Strand 관광 마을에서는 신경과학적 가격 결정 방식을 이용한 덕분에 이 꿈이 현실화되었다. 이 마을에서는 방대한 레저 시설 내에서 콘도에 묵을지 호텔에 묵을지 거처를 선택할 수 있다.

"많은 기업이 미처 깨닫지 못한 사이에 소득과 수익을 놓치고 있지요." 이것이 이 관광 리조트의 대표인 데이비드 드페노David Depenau의 철학이다. 이 마을은 관광객을 배려하는 마음에 너무 낮은 가격으로 운영되고 있었고 방문객들은 그 가격 수준에 분명 불편함을 느끼고 있었다. 특히 성수기인 여름에 고객들은 '가격이 너무 낮다'고 느꼈다. 그런데도 평균 가격은 1박에 약 200달러였다. 그렇다 할지라도 편안한 휴가를 위해 고급스러운 숙소를 찾는 고객에게는 너무 저렴한 수준임을 드페노는 이제 이해하게 되었다. '부담스럽지 않은 편안함', 이것이 꼭 명심해야 할 말이다. 현재 관광 마을은 가격을 재고하기 이전과 비교했을 때 매출과 수익 면에서 훨씬 더 많은 돈을 벌고 있다.

드페노는 1,200세대의 콘도를 임대하고 있다. 가격을 올리자 고객을 잃거나 고객 불만족을 낳지 않고 즉각 더 높은 수익으로 이어졌다. 드페노는 이를 '좀 야박한' 태도라고 표현했지만, 그것에 관해서는 해명할 자신이 있다. 그는 결국 모두가 만족스러워졌다고 말한다. 경영주인 자신은 물론이거니와 그의 고객들 역시 마찬가지다. 드페노는 방문객들이 과거보다 지금의 만족도가 훨씬 더 높다는 사실을 발견했다. 설문 조사에 따르면 숙박료가 오른 후 고객들이 더 좋아한 것으로 나타났다. 더욱이 여름에는 관광 마을의 숙박 시설이 모두 마감된다.

어떻게 가격과 고객 만족도를 동시에 높일 수 있었을까? 드페노는 관광 마을을 현대화하기 위한 투자가 가격 인상에 영향을 미친 것도 사실이지만 신경과학적 가격 결정에 대해 알지 못했다면 이런 결과를 이해할 수 없었을 것이라고 지적한다. 그렇다면 신경과학적 가격 결정이란 무엇일까? 저마다 '현실 인식' 수준이 다르므로 만족도도 달라지는 것이라고 올더스 헉슬리Aldous Huxley는 말할 것이다. 기본적으로 세상이 존재하는 것이 아니라 우리가 세상을 바라보는 방식이 존재할 뿐이다.

그리고 관찰에 필요한 '적절한 거리'가 무엇인지 알아보기 위해 이 가격 결정 모델을 더 자세히 살펴볼 필요가 있다. 이와 같은 연구를 진행하기 위해서는 카이 마르쿠스 뮐러Kai-Markus Müller와 같은 뉴로마케팅 전문가들의 도움을 받는 것이 좋다.

고객이 진정으로 얼마를 지불할 의향이 있는지 알아보기 위해 뮐러가 사용하는 가장 중요한 도구는 그의 실험실 벤치 위에 놓여 있다. 그것은 구멍 뚫린 수영모처럼 생긴 모자로, 그 모자를 머리에 쓰면 뮐러의 조교가 전극을 연결한다. 그리고 두피에 젤을 발라 이 측정의 정확도를 높인다. 마치 영화 〈백투더퓨처Back to the Future〉에 나오는 괴짜 과학자가 하는 실험처럼 보일 수도 있겠지만, 실험이나 시험을 많이 해 시행착오를 겪지 않는다면 그게 무슨 과학이란 말인가?

뮐러의 말에 따르면 사람들은 어떤 경우에도 그들이 원한다고 말하는 것을 하거나 사지 않는다는 것이다. 그러나 고객이 정말 무엇을 얼마에 구입할 것인지는 뇌파를 분석해 보면 알 수 있다고 한다. 엄밀한 의미에서 뮐러가 측정하는 것은 두피 상부의 긴장도 변화를 뇌파도 검사를 이용해 측정하는 것이다.

긴장도가 높아졌다 낮아졌다를 반복하는 변동 상황을 스크린을 통해 확인할 수 있다. 각각의 전극은 코드화된 대역폭과 색을 가지고 있다. 생각은 색상과 색조로 표현되며, 각각의 감정은 색의 음영과 관련되어 있다. 즉, 뇌파도가 보여주는 대로 우리가 세상을 바라보고 있다는 뜻이다. 그렇다면 우리의 뇌파는 어떤 색깔일까? 매 순간 그것은 우리를 바꾼다.

뮐러는 또한 표본 고객들에게 몇 가지 간단한 질문을 던짐으로써 스타벅스 커피로 실험을 진행해 보았다. 예컨대 '작은 종이컵에 담긴 블랙커피 한 잔에 얼마를 지불하겠는가?'라고 질문했다. 이 연구에서는 2초에 하나씩 그 상품에 부과되는 예시 가격들을 고객에게 보여주었다. 빅데이터와 머신러닝 알고리즘을 기반으로 한 뇌파도 검사는 각각의 가격을 보고 그 가격이 상품의 가격으로 적당하다고 느끼는지를 보여준다. 피험자의 뇌는 거짓말을 하지 못한다. 따라서 뇌파도 검사를 이용해 스타벅스 커피의 적정 가격을 찾을 수 있었다.

그 과정에서 알게 된 놀라운 사실은 스타벅스 커피가 실제로 비싸기도 하지만 사람들은 그보다 더 높은 가격을 지불할 의향을 보인다는 것이다. 연구 결과를 바탕으로 스타벅스는 작은 블랙커피 한 잔의 가격을 1.80달러에서 1.95달러로 인상하기로 했다. 그래도 매출량은 조금도 감소하지 않았다.

그렇다면 비용은 무엇이고 시간은 무엇일까? 1달러의 가치는 얼마나 나갈까? 술집에서 잠시 열기를 식히며 가지는 휴식 시간의 가치는 얼마일까? 업무 전에 10분의 조용한 시간을 보내거나 친구들과 한바탕 웃는 시간을 보내는 것, 취업 면접 직전에 마시는 한 잔의 물, 커다란 중앙 창문에서 햇살에 반사되는 먼지들이 흩날리는 모습의 가치는 얼마일까?

다른 대표적인 사례로는 펩시의 사례를 들 수 있겠다. 펩시는 터키에서 감자 칩 한 봉지의 가격이 0.25리라 상승하면 펩시콜라 판매량이 어떻게 변화하는지 알아보고자 했다. 시장 조사 결과, 판매량이 33% 하락할 것으로 예상됐다. 그리고 신경과학적 가격 결정 방식을 기반으로 전통적인 방법과 다르게 진행된 설문 조사에 의하면 결과는 9% 하락하는 것으로 나타났다.

그러나 실제로 가격이 인상되자 실제 판매량 감소는 7%에 그쳤다. 신경과학적 가격 결정 연구는 가격 실험에 참여한 사람들에게 "싸다고 생각하십니까, 비싸다고 생각하십니까?"라고 계속해서 질문했다. "질문을 받은 사람이 비싸거나 싸다고 답변하는 시간이 길어질수록 더 좋은 것입니다. 답변 시간이 걸릴수록 가격이 그들이 생각하는 가격에 더 가깝다는 뜻이니까요."라고 뮐러는 설명했다.

이러한 통찰에 입각해 뮐러는 뉴로프라이싱 온라인Neuropricing Online이라는 이름의 측정 도구를 개발했다. 이 도구는 여러 제품, 표적 그룹이나 시장, 혹은 유사 변형 제품들을 시험하는 데 이용되고 있다. 두뇌 스캔을 해보면 가장 적절한 가격이 생산자나 소매업자들이 짐작하는 것보다 더 높은 경우가 많다는 놀라운 사실을 발견하게 된다. 뮐러는 "가격에 대한 판매자의 우려가 구매자가 느끼는 불만족보다 더 클 때가 많다"라고 결론지었다.

데이비드 드페노의 경우도 마찬가지였다. 양측 모두 가격을 부풀릴 수는 없다는 사실을 알고 있다. 가격을 너무 비싸게 매기면 판매는 실패할 것이고 기업의 이미지(고객의 인식 및 기업 평판)와 수익도 함께 추락한다. "마치 바다가 내려다보이는 벼랑 끝에 서 있는 것과도 같죠"라고 드페노는 가격 균형의 어려움과 위험을 한마디로 요약한다. "한 걸음만 더 나가면 낭떠러지니까요."

상황 분석

그렇다면 직감을 따르는 결정이 받아들여지고 '옳은 결정'으로 판명될 수 있을까? 다시 말하자면, 가슴이 무너지게 될까, 아니면 직감을 따르는 게 정말 맞는 걸까? 시를 사랑하는 사람들은 감정과 생각, 행동을 신체의 특정 부분의 작동 결과로 보는 경향이 있다. 그러나 신경 과학이나 두뇌 연구에서는 그 반대를 주장하고 있다.

우리가 하는 모든 결정과 사고, 기억 속에 저장된 내용은 1,000억 개 이상의 신경 세포들을 통해 발현되는 활동과 상호연결성의 모델 속에 존재한다. 신경 세포들은 단일 기관인 뇌의 무한한 통제 속에서 활동한다. 꿈은 어디에서 오는 걸까? 뇌가 하늘보다 더 광대하다고 상상해 보라...

신경과학자인 만프레드 슈피처Manfred Spitzer는 '당신은 당신의 뇌가 아니다'라는 개념을 대중화시킨 인물로 잘 알려져 있다. 그리고 가격과 관련된 선택에 관한 한 잠재 구매자의 뇌가 (특히) 마케팅과 가격 결정에 있어 결정적인 기관이라면 어떤 제품들이 소비자의 뇌에 열정을 불러일으키는지, 그리고 가격이 얼마일 때 소비자의 뇌에서 이 상품들을 구매하라는 오케이 신호를 보내게 되는지 알아내는 것이 필수적인 일이 된다.

캘리포니아주의 스탠퍼드 대학교에서 브라이언 너트슨Brian Knutson과 그의 동료들이 fMRIfunctional magnetic resonance imaging(기능적 자기 공명 영상) 뇌 스캔을 이용해 이 의문점들을 연구한 결과가 없었다면 이 모든 것이 너무 수학적으로만 보였을 것이다. 이 방법을 통해 우리는 입력된 정보에 따라 뇌의 어느 부위가 활성화되는지 알 수 있다.

뇌 스캔 실험에 참여한 지원자들은 구매 결정을 내려야 하는 상황에 놓여 있었다. 너트슨을 비롯한 연구자들은 첫 번째 실험으로 거울을 사용해 스캐너에 상품의 이미지를 투사해 보여주었다. 그러자 보여준 상품을 실험 참가자들이 더 마음에 들어 할수록 측좌핵nucleus accumbens이라 불리는 뇌의 영역에 더 많은 혈액이 공급되는 것으로 관측되었다. 측좌핵은 보통 뇌가 보상을 기대할 때 활성화되는 부위라는 점이 흥미롭다. 그래서 이 부분이 뇌의 긍정적인 피드백 체계로 인식되는 것이다. 몇초 후 그 상품 아래에 가격을 표기해서 보여준다. 종적으로 실험 참가자들은 그 상품을 구매할 것인지 말 것인지 결정해야 한다.

가격이 실험 참가자가 지불할 의사가 있는 최대 금액보다 낮으면 뇌의 내측 전전두엽 피질medial prefrontal cortex 부위가 활성화된다. 이 부위는 뇌의 의사결정 체계의 일부라 할 수 있다. 반대로 가격이 실험 참가자가 지불할 의사가 있는 최대 금액보다 높을 때는 내측 전전두엽 피질 부위가 그다지 활성화되지 않았다. 이 경우 과학자들은 뇌섬엽의 활동이 아주 활발해지는 것을 관찰할 수 있었다. 이 부분은 보통 기본 감정 중에서도 특히 고통을 인지하는 것과 연관이 깊다.

연구자들은 구매자가 갖기를 원하는 상품은 보상을 가져다주고 가격은 고통과 비슷한 감정을 불러온다는 결론에 도달하게 되었다. 이 경우 지불의 고통이라 할 수 있을 것이다. 마케팅 측면에서 주목해야 할 점은 브라이언 너트슨과 그의 동료들이 실험 참가자들의 뇌 스캔 결과를 활용해 실제 구매 결정을 예측할 수 있었다는 것이었다.

뇌 스캔 데이터의 예측 능력은 전통적인 설문 조사보다 훨씬 더 뛰어난 적중도를 보였다. 이 발견은 현실에 적용될 수 있을 것이다. 뇌파 검사를 통한 뇌 스캔 분석으로 만든 알고리즘은 뇌 활성화 분석을 통해 직접적으로 구매자의 최대 지불 의사를 측정할 수 있게 해준다.

뇌파 검사와 fMRI(기능적 자기 공명 영상)를 이용한 분석의 장점은 뇌는 거짓말을 하지 않는다는 것이다. 설문지를 통한 전통적인 시장 조사의 전형적인 문제점(이를테면 무의식적 선입견, 감정을 말로 다 표현하지 못하는 어려움, 의도적인 속임)은 뇌를 직접적으로 측정하는 방법으로 현명하게 피해 갈 수 있게 되었다. 이번에는 가격과 관련한 뇌의 기능과 그것이 가격 경영에 미치는 영향에 대해 자세히 살펴보도록 하자.

저가 정책은 수익률만 망치는 것이 아니다

가격 침식은 수익률에만 피해를 입히는 것이 아니라 그 이상의 많은 피해를 입힌다. 이는 '단순한' 구매 행위와 연관이 있다기보다는 구매되는 '상품'과 훨씬 더 연관이 깊은 강력한 침식 작용이다. 또한 어떤 인식을 근거로, 어떤 공백/트라우마/부족함을 채우기 위해, 혹은 어떤 욕구/자극/행복을 충족시키기 위해 구매하는지와 연관이 있다(후자의 고유한 성질을 알아야 한다).

전통적인 설문 조사의 공로로 인정해 줄 만한 것이 있다면 그것은 대다수 소비자가 낮은 가격을 요구한다는 사실을 알아냈다는 것이다. 하지만 인간 심리는 비겁한 수법으로 우리를 속이고 있다.(실제로 알버트 아인슈타인Albert Einstein은 그의 친구 닐스 보어Niels Bohr에게 "신은 주사위 놀이를 하지 않는다"라는 유명한 말을 한 바 있다.) 그리고 분명 시장 원리는 모든 변수를 감안하지는 못한다. 소비자 협회는 가격을 부풀리려는 기업으로부터 소비자를 보호한다고 자부하지만, 항상 정의의 편에 서 있는 것만은 아니다.

가격과 만족감의 관계는 아주 복잡하다. 물론 품질은 가격에 영향을 미친다. 그러나 잘 알려진 이 영향이 반대로도 작동한다는 사실은 놀라움을 안겨 준다. 즉, 가격 또한 품질에 영향을 미친다.

세계적으로 유명한 두 연구는 가격의 효과를 분명히 보여주고 있다. 유명 행동경제학자 댄 애리얼리Dan Ariely는 실험 참가자들에게 진통제라고 말하며 위약을 나누어주었다. 실험 참가자 절반은 해당 약이 최근 식품의약국의 승인을 받은 2.5달러짜리 진통제라는 설명이 적혀 있는 팸플릿을 함께 받았다. 반면 나머지 절반의 참가자들에게는 그 약이 겨우 10센트짜리 약이라고 말해주었다. 그리고 난 뒤 실험 참가자들에게 가벼운 전기 충격을 가해 약의 효과를 알아봤다. 그 결과 실제로 두 약 사이에는 아무런 차이가 없었는데도 더 가격이 비싸다고 말한 약이 싸다고 말한 약보다 눈에 띄게 더 효과가 좋은 것으로 나타났다.

신경경제학자인 힐케 플라스만Hilke Plassmann은 또 다른 연구에서 이를 증명해 주었다. 그녀는 실험 참가자들에게 와인 시음을 하도록 하고 뇌 스캔을 통해 뇌의 반응을 분석했다.

플라스만의 실험에서는 동일한 와인을 내놓고 한 번은 한 병에 10달러짜리 와인이라고 말하며 맛보게 했고 또 한 번은 한 병에 90달러짜리 와인이라고 말하며 맛보게 했다. 참가자들은 더 비싼 와인이라는 말을 듣고 와인을 맛보았을 때 두 배 더 맛이 좋다고 느꼈다. 이뿐만이 아니다. 싼 와인을 마셨을 때보다 비싼 와인을 마셨을 때 뇌 스캔은 긍정적인 감정과 관련된 부위가 더 강하게 활성화되는 모습을 보였다.

경향성의 문제인 걸까? 아니면 기대감이나 잠재의식 속의 선입견이 대상에 투영된 것일까? "싼 게 비지떡이다" 혹은 "공짜는 아무짝에도 쓸모가 없다"와 같은 유명 속담들이 존재하는 것만 보아도 우리의 선입견을 짐작할 수 있지 않을까?

낮은 가격은 기업의 수익성에만 피해를 입히는 것이 아니다. 애리얼리와 플라스만의 실험 결과에서도 보았듯이 소비자가 느끼는 상품의 품질에도 부정적인 영향을 미친다. 높은 가격은 더 높은 수익을 올릴 수 있게 해줄 뿐만 아니라 더 높은 만족감을 안겨준다. 그리고 결국은 삶의 질을 높여준다. 이것이 기업들이 가격 조정을 검토할 때 염두에 두어야 하는 결론이다.

시간과 가격

뇌는 인내심이 없다. 이론적으로 우리는 인간이 자기 손안에 있는 한 마리의 새가 더 좋은지 아니면 숲에 있는 두 마리의 새가 더 좋은지 질문받았을 때 이성적인 판단을 내릴 것이라 예상한다. 이성적이고 추상적인 차원에서 생각해 보면 가장 많은 가치를 제공하는 쪽을 선택하는 것이 타당하다.

　마찬가지로 우리는 직장인이 쇼핑을 하거나 휴가를 가는 데 모든 돈을 다 써버리고 은퇴할 나이에 빈털터리가 되기보다는 품위 있는 노년을 위해 연금 펀드에 투자하는 쪽을 선호할 것이라 예상한다. 혹은 학생이 오늘 한 번 무료 식사를 하기보다는 2주 후에 두 번 무료 식사를 하는 쪽을 선택할 것으로 생각한다.

　한 연구의 실험 참가자들에게 세 가지 보상 중 하나를 선택하도록 요구했다. 한 가지는 더 작지만 즉각 주어지는 보상이었고, 다른 하나는 더 크지만 나중에 주어지는 보상이었다. 대다수의 실험 참가자들은 두 달 뒤에 사용할 수 있는 100달러짜리 쿠폰을 받는 쪽보다 즉시 사용이 가능한 10달러짜리 쿠폰을 받는 쪽을 선택했다. 심지어 지금 당장 100달러를 받는 것과 3년 뒤에 200달러를 받는 것 중에서도 대부분 참가자는 즉각 받는 쪽을 선택했다.

　단기에 주어지는 보상은 분명 지금 당장 살 수 있는 것의 이미지를 떠오르게 만들어 (가치는 더 낮지만 더 일찍 사용이 가능한) 그 선택지를 훨씬 더 매력적으로 보이게 만든다. 그래서 많은 사람이 노년을 위해 저축하기보다는 현재 소비하는 쪽을 선호하는 것이다. 심리적 관점에서 봤을 때 이는 죽음이나 질병에 대한 두려움, 그리고 살아가면서 발생할 수 있는 치명적인 결과를 피하고자 하는 우리의 자연스러운 경향성과 연관이 있다. 아마도 이것이 수많은 보험이 장기 혜택을 받을 자격이 주어지거나 보험료 청구가 가능해지기 전에 해지되는 이유 중 하나이기도 할 것이다.

　신경과학적 가격 결정의 관점에서 보자면 이는 고객에게 즉시 혜택을 주는 프로모션이 이를테면 포인트를 적립하면 나중에 가격 할인을 해주거나 일정한 포인트가 쌓이면 무료 상품으로 바꿔주는 쪽보다 요구 가격을 수용하도록 유도할 가능성이 더 크다는 점을 시사하고 있다.

우리는 언제 가격 지불의 고통을 느끼는가

상품의 가격이 고통을 인지하는 뇌의 영역에서 인식된다는 사실은 이미 증명된 바 있다. 따라서 가격과 지불은 둘 다 뇌에 부정적인 자극으로 받아들여진다. 이 기능의 가장 흥미로운 사실 중 하나는 부정적인 감정의 강도가 가격의 절대적인 총액보다는 구매를 통해 받게 되는 혜택에 따라 달라진다는 것이다.

아직 내부 공사가 완료되지 않은 건설 중인 아파트의 구매 가격을 200,000달러로 추산했다고 가정해 보자. 건설사는 우리에게 내부 공사를 개인 고객의 취향에 맞출수록 더 가격이 높아진다고 말할 것이고 그 말이 사실임을 곧 확인하게 될 것이다. 만약 우리 손에 아파트 열쇠가 쥐어지기 전에 (부엌 및 거실, 화장실, 침실 내부 공사에 들어간 추가 비용으로 인해) 가격이 25% 상승했을 때, 아파트만 우리의 기대에 부응한다면 느끼는 고통이 그렇게 크지는 않을 것이다.

반대로 햄버거 가게에서 5달러를 주고 햄버거를 주문했다고 가정해 보자. 배고픔을 견디며 기다린 끝에 햄버거를 받아 한 입 베어 문순간 실망감이 몰려든다. 그 이유는 햄버거가 (완곡하게 표현하자면) 전혀 만족스럽지 못했기 때문이다. 즉각적으로 느끼는 감정을 상대적으로 표현하자면 다음과 같다. 이 (작은) 지출이 가져다준 고통은 아파트 매입가 추산에 포함되지 않았던 50,000달러의 내부 공사 비용에서 느꼈던 감정에 비해 훨씬 더 클 것이다. 공사가 끝난 후 우리는 멋진 재즈 음악을 틀고 소파에 앉아 와인 한 잔을 마시며 완성된 훌륭한 아파트를 둘러보면서 완전한 만족감을 느낀다. 발아래에서 반짝이는 도시의 불빛들을 고요함 속에서 바라보며 우리는 스스로에게 '건배!'를 외치며 미소 짓는다.

따라서 고통은 관련된 총액에서 오기보다는 무언가를 잃었다는 느낌에서 기인한다고 볼 수 있다. 그 이유는 우리의 뇌가 긍정적인 감정과 부정적 감정의 균형을 맞추려는 방향으로 작동하기 때문이다. 그래서 우리 취향에 맞게 단장된 새 아파트에 들어서는 기쁨이 다른 감정들을 집어삼키는 것이다. 모든 것이 '긍정적'으로만 보인다. 우리는 건설사를 통해 가격 할인이 가능했던 덕분에 저렴하게 구입한 화장실 및 부엌의 내부 설치물들을 바라보며 만족스러워서 뿌듯해할 것이다.

반면 햄버거의 경우, 배가 고파 기대감이 잔뜩 상승해 있는 데다 식욕은 원초적 욕구와 관련이 되어 있다. 우리는 이미 육즙이 가득한 햄버거의 맛을 기대하고 있었고 기다림은 맛의 향연에 대한 기대감을 더 높였다. 5달러라는 가격 또한 꽤 '합리적'으로 보였다. 그러나 한 입 크게 베어 문 순간 그 기대감은 무너지고 실망감은 긍정적인 감정을 완전히 그 반대의 부정적인 감정으로 바꾸어 버린다. 뇌의 고통 센터가 활성화되고 "내가 정말 이 쓰레기를 돈을 주고 사 먹은 거야?"라는 생각으로 인해 고통 센터가 더 활발히 작동하기 때문이다. 존재를 위협할 정도의 심각한 문제는 아니지만, 생활과 밀착된 중요한 문제인 것이다. 게다가 이 나쁜 경험에 대한 기억은 금방 사라지지 않는다. 그 햄버거 가게와는 영원히 이별하게 되었을 것이다. 이처럼 가격 지불의 고통은 가격이 불합리하다고 생각할 때 가장 강렬하게 느껴진다.

새로운 아파트의 사례로 돌아가서, 입주한 후 한 달이 지났을 때 당신은 이제 만족스러운 인테리어와 함께 새 부엌과 넓은 화장실에 익숙해졌다. 모든 것이 일상적이고 즐거운 주거지로 자리 잡고 우리가 먹고(햄버거는 빼고) 사랑하고 웃고 소중한 친구들을 초대하며 살아가는 터전이 된 것이다. 처음 아파트에 입주했을 때 느꼈던 열정은 사그라들었고 추가 지출에 대한 기억 또한 기억 너머로 사라졌다.

햄버거 가게의 종업원은 음식을 집으로 배달한 것이 아닌 이상 고객의 불만족을 알아차렸을 것이다. 고객이 한 입 먹어본 후 실망했다는 것을 종업원이 알아차렸다면 그는 부정적인 반응이나 오래 지속될 수 있는 인식을 바꾸기 위한 조치를 취할 수 있었을 것이다. 만약 그가 즉시 무료로 새로운 햄버거나 다른 음식으로 교환해 주었다면 고객이 느끼는 고통을 상당히 누그러뜨릴 수 있었을 것이다. 그 고객은 훌륭한 서비스를 경험하고는 어쩌면 충성 고객으로 남았을지도 모를 일이다. 이것은 모두 '가정'이며, 주의 깊게 생각해 보면 우리의 모든 일상은 이와 같다.

선택의 기로에서 왼쪽 또는 오른쪽을 선택하고 그에 따른 결과로서 실망감을 알아차리고 조치를 취해서 그것을 시정한다. 만약 그 실망감을 알아차리지 못한다면 그 인식은 기억 속에 영원히 남을 것이다. 상황을 알아차리고 상황에 맞는 적절한 행동을 취함으로써 미래에 일어날 사건의 궤도를 바꾸게 되는 것이다. 마음은 주변 환경과 불가분의 관계에 있는 우리 내면의 세계이다.

우리가 '외부'로 정의하는 것을 어떻게 채울 것인가는 우리의 몫이다. 불가피한 일들을 일어나도록 놔두고 그 한계점을 극복하기 위해 조치를 취함으로써 훌륭하고도 고유한 경계 영역이 우리를 세상과 묶어주는 것이다.

다양한 선택지가 구매를 방해한다

상반되는 (아주 많은) 대안 중 선택지를 제공하지 않는 안이 가장 우세하다. 우리의 뇌는 선택지가 너무 광범위하면 구매 본능이 활동을 멈춘다. 이는 캘리포니아주의 한 슈퍼마켓에서 진행한 실험에서도 잘 나타난다.

이 슈퍼마켓에서는 고객들에게 24가지 다른 유형의 윌킨앤선즈 Wilkin&Sons 잼을 선보였다. 실험의 목표는 구매 행동을 관찰하고, 다양한 잼을 맛본 후 고객들이 '가장 맛있다고' 생각한 잼을 구매하는지를 확인하는 것이었다. 쇼핑객들은 다양한 잼을 맛보는 것에 대해서는 곧 흥미를 보이기 시작했다. 다수의 고객이 슈퍼마켓의 특별 코너에 들러 시식했다. 그런데도 잼을 시식한 이들 중 단 3%만이 잼을 구입하기로 했다.

여섯 종류의 잼만을 가지고 같은 실험을 진행했을 때 나온 결과는 분명했다. 진열된 상품들이 흥미를 덜 끌었는데도 잼을 맛본 이들 중 약 3분의 1이 구매 결정을 내린 것이다. 3%에서 무려 33%로 상승했으니 아주 큰 구매율의 상승이다! 그 이유는 고객의 무의식에서 찾을 수 있다. 고객은 선택의 범위가 넓을 때 잘못된 선택을 하게 되면 어쩌나 하는 복잡한 심경을 경험하게 된다. 그래서 구매를 포기하게 되는 것이다. 하지만 선택의 폭이 줄어들면 의사결정은 덜 복잡해지고 잘못된 선택을 했을 때 감수해야 할 위험도 줄어든다. 그에 따라 고객의 방어벽도 낮아져 구매하는 쪽으로 마음이 기울게 되는 것이다.

주변 환경이 가격 인지에 영향을 미친다

주변 환경은 가격 인지와 지불 의사 모두에 상당히 큰 영향을 미친다. 휴가 때나 주말에 쇼핑을 나가보면 필요한 것을 사는 일상적인 쇼핑을 할 때보다 (대다수의 쇼핑객들이) 훨씬 더 자유롭게 돈을 쓰는 모습을 쉽게 볼 수 있다.

우리는 이렇게 '예외적인' 상황에 놓여 있을 때 그에 발맞추어 가격에 크게 신경 쓰지 않고 쇼핑을 한다. 그래서 평소에 마트에서 장을 볼 때는 진열된 여러 종류의 파스타 가격을 비교해 보고 마트 자체 브랜드의 파스타를 골라 10~20센트를 절약하던 주의 깊은 소비자들이 휴가 때, 혹은 애인이나 배우자와 함께 레스토랑에서 식사할 때는 가격도 확인하지 않고 상당히 값비싼 고급 와인을 주문하기도 한다. 그러므로 노련한 영업자는 무엇을 어디에서 판매하든 상관없이 잠재 고객의 지불 의사를 높이기 위해 자연스럽게 구매를 유도할 수 있는 상황을 조성하고 가격에 대한 인식을 주변 분위기로 덮어 버린다.

직관에 의한 결정은 머릿속에서 이루어진다

태블릿과 '똑똑한 전화(스마트폰)'의 확산으로 우리는 점점 더 많은 정보를 손쉽게 접할 수 있게 되었다. 하지만 그로 인해 선택의 폭이 넓어져 선택은 더 어려워졌다. 사업적인 상황에서든 사적으로든 가격을 평가할 때 적용할 수 있는 휴리스틱스 원칙들이 있다. 휴리스틱스는 의사결정 과정을 간소화해 우리의 시간을 절약해주는 방법이다. 그렇다면 두 가지 중요한 휴리스틱스 원칙을 알아보자.

그 첫 번째는 재인(再認) 휴리스틱스heuristics of recognition이다. 상품이 되었든 서비스가 되었든 두 가지 중 선택할 때, 항상 과거 경험을 통해 인식되어 있는 것, 즉 우리가 이미 알고 있는 것과 '비슷해' 보이는 쪽을 선택하게 된다는 것이다.

두 번째 원칙은 의사 휴리스틱스heuristics of willingness로, (무엇을 하고자 하는) 의사를 기반으로 하거나 과거 경험에서 떠오르는 빈번한 사례를 기반으로 한 것이다. 이는 직관적인 통계적 추론에 해당하지만, 과거 경험으로부터 우리가 기억하고 있는 것을 표본으로 활용한다.

재인 휴리스틱스의 핵심은 일종의 마르셀 프루스트의 마들렌과 같이 '익숙한' 뭔가를 찾아내는 것이다. 신제품의 확실한 특성을 구체적으로 떠올릴 수 있거나 그것에 대해 잘 알고 있다고 해서 도움이 되는 것은 아니다. 그것을 사겠다고 결정할 때는 또 다른 일반 상품이나 그것을 시장에 출시한 브랜드를 익숙하게 느끼는 것만으로도 충분하다. 예컨대 소비자가 페레로Ferrero 초콜릿에 익숙하다면 그들은 페레로의 경쟁사인 린트Lindt에서 나온 신제품보다는 페레로 초콜릿의 제조사에서 출시된 신제품을 사려는 경향을 보일 것이다.

반면 의사 휴리스틱스의 작동 기제는 구매에 도움을 주는 증거를 기반으로 한다. 대다수 소비자가 무엇을 구매하는지를 참고함으로써 어떤 상품을 구매하는 것이 좋은지에 대해 지침을 얻을 수 있다. 가끔은 특별히 예리하거나 어떤 이유로든 상품을 훤히 꿰고 있는 다른 구매자들을 따라가는 것만으로도 충분하다. 그들이 쇼핑 카트에 무슨 상품을 담는지 보고 동일한 상품을 선택하는 것이다. 혹은 친구나 친척, 또는 어떤 권위자나 (혁신적인 소셜 마케팅의 발전으로) 인플루언서가 구매하는 상품을 사는 것이다.

소비자들의 높은 구매 의사를 활용해 수익을 취하고자 하는 기업들은 이와 같은 고객의 휴리스틱스를 파악하고 있으면 더 유리해질 것이다. 이를 참고해 제품 판매를 촉진하기 위해 의도적으로 고객들에게 정보와 서비스를 제공할 수도 있다.

요약

- 신경과학(특히 신경과학적 가격 결정)은 미래의 새로운 (의식적으로 작동하는 것이든 무의식적으로 작동하는 것이든) 구매 모델을 이해하는 데 도움을 준다.

- 신경과학적 가격 결정은 고객이 구매 결정을 내릴 때 기저에서 작동하는 무의식적인 이유를 기업이 밝혀낼 수 있도록 돕는다.

- 그에 상응한 가격 전략은 판매를 증대시키고 시장 수용성을 높이고 제품의 품질력을 전달하기 위해 최적화된다.

- 뇌파 검사를 이용한 뇌 스캔 분석 알고리즘은 뇌의 활동을 직접 관찰함으로써 소비자의 지불 의사 측정을 가능하게 해준다. 뇌파도나 기능적 자기공명영상(fMRI)과 같은 기술의 장점은 우리의 뇌가 우리와는 달리 거짓말을 할 수 없다는 것이다.

- 뇌파를 직접 측정하는 방법을 통해 설문지를 이용하는 고전적인 시장 조사가 가지고 있는 전형적인 한계점들(무의식적 편견, 감정을 언어로 표현하는 어려움, 자기 오해를 넘어선 자기기만, 정보 기반의 참고 자료 축적)을 극복할 수 있다. 가격과 관련해 뇌가 작동하는 특정한 방식과 이것이 가격 경영에 미치는 영향력을 염두에 둠으로써 기업들은 가격을 최적화해 현재와 미래의 고객들이 자사 상품을 선택하도록 유도할 수 있다.

가격 결정의 기술

THE PRICING MODEL REVOLUTION

THE
PRICING MODEL
REVOLUTION

3부

승리하는 법

12장

새로운 가격 결정 모델의 성공

"고객은 상품을 구매하는 것이 아니라 그들이
인지하는 가치를 구매하는 것이다."

– 피터 드러커Peter Drucker

사례

당신은 30년 동안 성장해온 건강한 기업을 경영하고 있다. 매출은 40억 달러이며 이익률은 거의 20%에 달한다. 국제적으로 인정받고 있는 인기 있는 상품군도 보유하고 있다. 그야말로 대다수 기업가와 경영인들이 꿈꾸는 야망과 목표에 가까운 바로 그런 모습이다.

그리고 어느 날 당신은 악몽 속에서 발버둥 치며 잠에서 깨어난다. 경영진이 수익 모델을 완전히 뒤바꿀 계획을 발표한 것이다. 내일부로 상품은 지금까지 판매되던 방식과는 다른 방식으로 판매될 것이다. 내일부터 지난 30년 동안 열심히 일하고 희생하여 획득한 모든 확신을 위기로 몰아넣으면서 대다수 사람이 잘 알지 못하는 새로운 수익화 모델이 도입된다.

그러나 '삶은 당신이 다른 계획을 세우느라 바쁜 동안 일어나는 일'이라고 말했듯이 예기치 못한 상황이 발생한다. 수익 모델이 완전히 바뀌자 기업은 다시 살아나기 시작했고 심지어 더욱 성장해 새로운 수익 모델을 도입하기 전보다 더 많은 수익을 올리게 된 것이 아닌가!

이 모든 일은 캘리포니아주 새너제이에 본사를 둔 어도비Adobe에게 실제로 일어난 일이었다. 구독 제도, 이른바 '서비스형 소프트웨어SaaS 제도'를 도입한 분야에서의 성공 스토리를 떠올릴 때 가장 먼저 떠오르는 기업은 링크드인LinkedIn, 세일즈포스SalesForce, 젠데스크Zendesk이다. 어도비가 아니다. 하지만 그것은 잘못된 생각이다. 사실은 포토샵Photoshop과 포스트스크립트PostScript, 애크로뱃Acrobat과 같은 상품들로 유명한 이 소프트웨어 기업이야말로 이 분야에서 가장 성공한 선구자 중 하나다.

2013년은 어도비가 상품 기반의 판매 모델에서 구독 기반의 판매 모델로 전환한 해이다. 어도비는 전통적으로 디자인 및 출판용 소프트웨어를 포장해 영구 사용 라이선스와 함께 물리적인 상품의 형태로 판매 및 배포했다. 고객들은 비용을 단 한 번만 지불하고 소프트웨어를 기간의 제약 없이 사용했다. 그 모델 또한 수익성이 좋았으며, 어도비의 순 이익률은 19%였다. 그러나 이 유연한 사업 모델에도 단점은 있었다. 이 사업 모델로는 고객과의 영구적인 관계를 구축할 수가 없었고, 소프트웨어 업데이트 또한 어려웠다. 이것이 어도비가 지속적인 혁신과 발전을 제공하지 못하게 되면서 지속적인 소득 흐름을 계속 이어가지 못한 이유이다.

그에 대한 해결책은 어도비 크리에이티브 클라우드Adobe Creative Cloud로의 급진적 전환이었다. 어도비 크리에이티브 클라우드는 디스크와 사용 라이선스를 제공하는 구(舊)모델을 대체하는 '클라우드' 서비스 기반의 구독형 모델이다. 클라우드를 사용함으로써 고객들은 소프트웨어 업데이트를 자주 받을 수 있을 뿐만 아니라 온라인을 통해 제공되는 다양한 새로운 서비스도 경험할 수 있게 되었다. 수익화 접근법은 한 번에 1,800달러를 지불하고 상품을 구매하는 형태에서 전체 크리에이티브 클라우드 이용료로 매달 50달러를 지불하는 형태(혹은 매달 19달러를 지불하고 단일 애플리케이션 이용)로 바뀌었다.

대대적인 홍보 캠페인 덕분에 새로운 사업 모델은 엄청난 성공을 거두게 되었다. 어도비가 새로운 사업 모델을 도입한 2013년 어도비의 시가 총액은 225억 달러에 달했다. 2021년에는 160억 달러의 연 매출을 올리며 시가 총액은 2,690억 달러를 넘어섰다.

새로운 수익 모델로 성공하는 법

변화를 도모하기 위해서는 타이밍이 맞아야 하며 우리 스스로 그 변화의 일부가 되어야 한다. 이 책에서 우리가 답을 찾고자 하는 질문은 경쟁우위를 점하기 위해 과연 우리의 수익 모델과 조직을 어떻게 변화시킬 것인가 하는 문제다.(이미 사회적 경제적으로 급진적인 과도기에 놓여 있다면 그에 대한 답이 더욱 궁금할 것이다.)

그럼 지금까지 살펴본 내용을 종합해서 앞으로 다가올 가격 결정 모델 혁명을 설명해 줄 수 있는 핵심 내용을 정리해 보자. 새로운 수익화 접근법을 활용해 성공하기 위해서는 다음의 세 가지 핵심 질문에 대해 명확한 답을 얻을 수 있어야 한다.

첫 번째, 우리의 고객이 중요하게 여기는 가치는 무엇인가?

고객의 요구가 무엇인지 알아냈다면(항상 이것이 출발점이다) 상품 가치의 근원이 무엇인지 이해해야만 수익 모델 관점에서 무엇을 수익화할 수 있는지에 대한 결론을 이끌어낼 수 있다.

두 번째, 어떻게 수익화 전략을 세워야 할까?

고객이 중요하게 인식하는 가치를 확실히 이해하는 것을 목표로 새로운 수익화 방식을 정의해야 한다. (유사한 강점과 약점들을 참고해 기업의 구체적인 특성을 살펴보기 위해 실제 사례들을 연구할 수도 있을 것이다.)

세 번째, 수익 모델 전환을 기업 내에서 어떻게 시작할 것인가?

개념을 현실화하기: 의심과 저항을 극복해야 하며 '언제나 특정한 방식으로 판매해온 관행'을 변화를 만드는 추진력으로 바꾸어야 한다. 그렇다면 각각의 변화의 엔진을 구체적으로 분석해 보자.

1. 고객이 중요하게 여기는 가치 알아내기

우리의 고객은 어떤 가치를 중요하게 여기는가? 이 질문은 수익화 전략을 고민할 때 항상 그 시작점이 되어야 하는 부분이다.

우리는 번영을 도모하는 기업이라면 당연히 어느 곳이나 가치를 창출할 수 있다고 생각한다. 하지만 기업이 가치를 알아보지 못한다면 고객은 지갑을 열려고 하지 않을 것이다. 반면 기업은 혁신적인 가격 결정 모델을 채택함으로써 이 '가치'를 수확할 수 있어야만 한다.

지금까지 살펴보았듯이 식기 세척기, 엔진, 의약품, 음악 앨범, 극장 공연에 가격을 지불하는 것은 여러 가지 면에서 과거의 일이 되어버렸다.

소유물 교환을 기반으로 한 모델은 결코 최선이 아니며 고객에게 제공되는 가치를 온전히 취득할 수 있게 해주지 못한다. 오늘날 우리는 고객이 '진짜' 필요로 하는 것이 접시를 깨끗하게 해주는 도구에 대한 소유권이 아니라 반짝이는 깨끗한 접시임을 알고 있다. '진짜' 요구가 목적지까지 데려다주는 비행기의 엔진을 소유하는 것이 아니라 정해진 장소로 데려다주는 몇 시간 동안의 비행인 것처럼 말이다.

이 책의 서두에서 기술한 기술 발전은 수익화 방식에 급진적인 변화를 촉발했다. 기업들에게 있어 이는 새로운 전략적 우선순위를 결정하기 위해 여러 가능성을 새로이 조합해 보는 것을 의미한다. 이를 위해서는 고객이 어떻게 우리의 제품을 사용하는지 이해하고 제품 판매의 실제 성과를 확인하는 것이 필요하다.

현대 기술 덕분에 소비자의 제품 사용을 추적하는 일이 가능해졌다. 제품이 사용되는 환경과 적용법을 파악할 수 있게 되어 제시되는 해결책과 그것과 연관된 가치를 수량화할 수 있는 기반을 마련할 수 있게 된 것이다.

2. 새로운 수익화 전략 구축하기

새로운 수익화 전략은 어떻게 구축하는 것이 좋을까? 고객이 중요하게 여기는 가치가 무엇인지 알아내고 고객이 제품을 사용하는 방식이나 언제 사용하는지 등의 정보를 입수했다면 그 가치를 온전히 실현하기 위한 새로운 수익화 전략을 정의하는 데 그 정보를 활용한다. 목표는 고객을 확보하고 모든 구매 장벽을 제거하는 것이다. 오늘날에는 과거 수익 모델의 핵심이었던 소유권 획득을 많은 고객이 주요한 구매 장벽으로 여기고 있다. 상품의 소유권을 얻기 위한 비용은 지나치게 비쌀 수 있다. 혹은 이 비용이 상품의 사용성에 걸맞지 않을지도 모른다는 두려움이 따를 수도 있다.

그러나 기업들은 이러한 장벽을 극복하고 고객이 구매에 나서게 만드는 다양한 선택지를 손에 쥐고 있다. 지금까지 우리는 혁신적인 가격 결정 모델의 열 가지 주요 선택지들을 살펴보았다. 수익화 접근법 중 일부는 비용 공유나 작은 단위로 세분화하기, 또는 서비스 이용에서 얻는 혜택을 기반으로 한 방식들이고 그와 같은 방식들로 상품이나 서비스의 고객층을 넓히는 것을 보았다. (전통적인 '소유권'을 기반으로 한 모델에서는 어떤 경우든 고객이 좀처럼 구매에 나서려 하지 않는다는 점을 인식해야 한다.)

기업은 소비자의 이용을 추적함으로써 상품이 지닌 가치 요소들을 분석하는 동시에 제품을 고객이 더 쉽게 소화할 수 있게(더 저렴한 가격에 구입할 수 있게) 만들어야 한다. 이를테면 고객이 쉽게 접근할 수 있는 플랫폼을 제공하거나, 혹은 판매자가 제품 전체를 고객이 이용할 수 있게 해주고 이용료 지불만 요구하는 것 등이 그 예가 될 수 있을 것이다.

3. 수익 모델 변경

기업의 수익 모델을 바꾸려면 어떻게 해야 할까? 경쟁이 치열한 현재의 기업 환경에서 성공하기 위해서는 한 가지 기본적인 질문에 답해야 할 것이다. 우리의 수익화 전략은 여전히 기업의 수익과 성장을 보장하기에 적합한가, 아니면 새로운 수익 모델이 필요한가?

이 질문에 대한 답변을 찾는 시작점은 고객의 지불 의사를 최대한 활용하기 위해 기존의 수익 모델 유형을 분석하는 것이다. 성공한 기업은 때때로 새로운 수익화 방안도 시험하면서 여러 유형의 수익 모델을 분석한다. 적용된 가격 결정 방식과 기업의 판매된 상품이나 서비스가 어떤 방향으로 발전하는 것이 바람직한지 알아보기 위한 것이다. 때로는 이러한 평가가 기업 내에 몇 가지 모델이 공존하게 만들기도 한다. 그에 따라 단기적으로 기업 내부에 갈등을 야기할 수도 있고, 중기적으로는 경쟁 우위를 획득하여 여러 고객층에게 더 나은 지침을 제공할 수도 있다.

휴렛팩커드HP의 사례가 이에 해당하는 경우다. HP는 이른바 '인스턴트 잉크Instant Ink'라는 구독 서비스를 출시하면서 수익 모델을 변경했다. 과거에는 프린터 잉크의 소유권이 HP에서 고객에게로 이전되는 거래 모델로만 프린터의 잉크를 판매했었다. 그에 따라 잉크가 다 떨어져 새 카트리지를 찾아다녀야 할 때 예상되는 모든 문제들을 고객이 떠안았다. 그에 반해 인스턴트 잉크는 카트리지를 집 앞까지 바로 배송해주는 자동 배송 서비스를 제공하고 있다.

HP는 프린터가 인터넷에 연결되어 작동할 때 잉크가 얼마나 남아 있는지를 모니터한다. 그러면 '인공지능' 프린터는 잉크가 남아 있는 정도를 감지해 잉크가 완전히 바닥나기 전에 HP에 새 카트리지를 자동으로 주문해 준다. 갑자기 잉크가 떨어져 곤란을 겪게 될 위험이 마침내 해소된 것이다. 일단 인스턴트 잉크 서비스에 가입만 하면 더 이상 상점에서 리필 카트리지를 살 필요가 없어진다.

이런 일들은 일상적인 작은 일이지만 우리가 가진 가장 소중한 자산인 '시간'의 관점에서 보자면 중요하다. 그리고 이는 더 이상 카트리지 판매에 기반한 것이 아니라 특정 기간 동안 인쇄되는 인쇄물의 매수에 기반한 수익 모델로 고객에게 제공되는 가치이다. 2013년에 출시된 이후 2022년까지 이 서비스의 신청자 수는 1,000만 명 이상으로 상승했다. 카트리지를 판매하는 전통적인 수익 모델에 대항한 새로운 수익 모델로서 이는 분명한 성공이었다.

한편으로 HP는 새로운 수익 모델을 도입한 덕분에 잠재 수요를 충족시킴으로써 새로운 시장 지분을 얻게 된 동시에 고객들에게 더 많은 선택지를 준 것이다. 다른 한편으로는 HP가 단기적으로는 아마도 자사 판매 조직과 소매업체(이제 HP는 더 이상 판매 중개자가 필요하지 않다) 모두를 긴장하게 만들며 카트리지 판매 부문에서 매출 감소를 경험했을 것이다.

수익 모델 결정은 고객을 위해 창출된 가치와 경쟁 환경, 그리고 조직이 수익을 발생시키는 새로운 방식을 받아들이기 위해 진화하는 속도에 따라 달라진다. 이런 점에서 중요한 성공 비결은 변화에 대한 저항감을 극복하려는 우리 조직의 적극적인 노력이라 할 수 있다.

수익화 전략 변경에서 얻을 수 있는 가르침

어도비의 사례를 통해 새로운 수익 모델을 성공적으로 도입해 기업의 서비스를 혁신하는 방법에 관해 많은 것을 배울 수 있다. 그런데도 이 변화는 하루아침에 일어난 것이 아니었다. 어도비는 거의 30년 동안 고객을 만족시키고 사용자를 설득할 수 있는 신뢰를 쌓아왔다. 그 결과 사업 모델의 효율적인 재고를 통해 조심스레 혁명이 준비된 것이었다. 그래서 어도비는 서비스 출시에 착수해 마침내 구독 서비스 경제의 확실한 선두 주자가 된 것이다.

그렇다면 이와 같은 수익 모델 전환에서 얻게 되는 여섯 가지 가르침을 알아보자.

1. 구체적인 목표와 함께 분명한 비전을 세워라

어도비의 경영진은 분명한 비전을 가지고 있었다. 소유권 기반의 전통적인 모델은 성장에 부담이 될 것이다. 미래에 대중이 선호하는 방식은 상품의 혁신에 고객이 접근하는 방식이다. 그래서 어도비는 그들의 구독 서비스를 위한 새로운 지표를 마련했다. 그리고 이해관계자들에게 설명해주고 약속을 지켰다. 어도비의 목표는 2015년까지 400만 명의 구독자를 확보해 지속적인 연 소득 상승을 도모하는 것이었다. 재무 담당 이사인 마크 개럿Mark Garrett의 말에 따르면 이 획기적인 변화가 투자자들이 어도비의 장기 목표에 대해 관심을 가지도록 유도했다고 한다. 그 결과 투자자들은 서비스형 소프트웨어SaaS에서 어도비의 미래를 찾는 데 공헌했다.

2. 그 길을 꾸준히 가라

어도비가 수익 모델을 새롭게 전환한다는 사실은 그다지 환영받지 못했다. 오히려 30,000명의 어도비 고객들이 어도비가 서비스형 소프트웨어로의 전환을 포기할 것을 주문하는 청원서를 온라인 청원 사이트 체인지(change.org)에 올리는 일이 발생했다. 체인지가 사회적 이슈에 대한 문제를 청원하는 플랫폼인 점을 고려할 때 이 행보는 대단한 반향을 불러일으켰다. 그러나 경영진은 서비스형 소프트웨어로의 전환이 더 나은 제품을 공급하고 더 쉽고 빠르고 안전하게 소프트웨어 업데이트를 제공해 정기적으로 제품을 향상시킬 수 있는 길임을 확신하고 있었다. 서비스형 소프트웨어 모델은 고객층을 확대해 현금 흐름을 개선할 수 있는 방안으로 구축된 것이기도 했다.

그래서 어도비는 결단을 내렸고 그 결정을 끝까지 밀고 나갔다. 그들은 반대에 부딪혔다고 해서 포기하거나 중단하지 않았다. 이는 자기 확신의 힘을 보여준 좋은 사례다.

3. 변화를 강요하거나 고객을 놀라게 하지 마라

어도비의 서비스형 소프트웨어인 어도비 크리에이티브 클라우드는 원래 4월에 출시되었다. 그들이 최초로 선보이는 구독형 버전이 전통적인 구매형 소프트웨어와 함께 고객들에게 병행 서비스를 시작한 것이다. 구매형 소프트웨어 또한 2017년까지 중단되지 않고 계속 제공되었다.

두 가지 서비스가 공존한 5년 동안 구매형 소프트웨어가 폐지되기 전까지 구독 서비스는 여러 가지 버전으로 출시되었다. 어도비는 서비스 모델 전환이 갑작스레 이루어지지 않도록 노력했다. 그래서 2011년 11월에 일찌감치 주주들에게 기업의 의도를 발표했다. 그리고 사용자들이 구버전의 크리에이티브 제품군을 조속히 교체하도록 준비시키기 시작했다. 2013년 5월 어도비는 더 이상 구버전의 크리에이티브 제품군을 (기존 이용자들을 위한 서비스 지원은 계속하더라도) 개발하지 않는다고 공식 발표했다.

4. 주주와 사용자 모두와 주도적으로 소통하라

구독 서비스 모델로 전환하기 시작했을 때 어도비는 사용자들에게 다가올 변화에 대해 대화 가능성을 열어놓고 공개서한을 보냈다. 경영진은 기존 충성 고객들의 승인을 받지 못한다면 새로운 구독 기반 모델로의 효율적인 전환이 어렵다는 사실을 잘 알고 있었다. 그들은 상장 기업으로서 고객뿐만 아니라 주주들에게도 상세한 설명을 하면서 이행 과정 중 지속적인 의사소통이 필요하다는 사실 또한 인정했다.

5. 모든 변화를 고려해 끊임없이 그에 적응할 준비를 해라

어도비는 새로운 서비스를 완전히 혁신적인 상품이라 여겼다. 다시 말해서 어도비 상품의 진정한 '디지털 경험'이라 생각한 것이다.

개럿은 다음과 같이 전했다. "클라우드로의 이행은 저희가 상품을 기획하고 운영하고 시장에 출시하는 사업 모델 전체에 영향을 미쳤습니다." 어도비는 그들의 상품과 그와 관련된 (마케팅 절차, 분석, 광고, 거래를 포함하는) 기능들을 실제 제품의 수명 주기로 바라보았다. 다시 말해서 어도비는 '가능한 한 변화하지 않으려' 노력하며 현상 유지에 매달리기를 그만둔 것이다. 그와는 반대로 서비스형 소프트웨어로의 전환을 상품 및 서비스를 재개발하여 출시할 수 있는 수단으로 여겼다.

크리에이티브 클라우드가 개인에서부터 대기업에 이르기까지 다양한 고객에게 서비스를 제공해야 함에 따라 처음에는 프리랜서나 특히 아마추어 사용자들이 가격 체계에 불만을 품기도 했다. "어도비는 소기업과 프리랜서, 일반 소비자들에게 바가지를 씌운다. 그들은 모든 기업이 무한성의 자원을 가진 다국적 새벌 기업이 아니라는 사실을 모르는 것 같다"라고 청원 게시판에 비난의 글이 올라오기도 했다.

어도비는 이와 같은 반응을 외면하지 않았다. 사용자 집단의 불만의 목소리에 귀를 기울였고 그에 대한 대응책으로 사진 작업에만 사용할 수 있는 더 저렴한 버전을 출시했다. 여기에는 포토샵과 라이트룸Lightroom의 변형판이 포함되어 있었다. 이 사안에서도 역시 사용자들의 의견에 반박하기보다는 경청하고 소비자 입장에서 고민함으로써 그들의 행보는 크게 환영받았다. 요컨대 어도비는 서비스형 소프트웨어로의 전환을 기업의 대규모 혁신으로 간주했다. 그리고 대부분의 성공한 기업들의 변신이 그랬듯이 어도비의 변신 또한 시간이 걸리는 과정이었고 주주들의 피드백을 반영해 새로운 목표를 향해 끊임없이 발전의 노력을 기울인 결과 성취할 수 있었다.

6. 계속 가치를 창출하라

어도비는 고객들의 도전을 받아들여 그것을 부가가치를 창출하는 기회로 삼았다. 개럿은 "어느 기업이든 새로운 수익 모델로 돌아서는 기업은 고객에게 지속적인 가치를 제공해야만 합니다. 구모델에는 존재하지 않았던 새로운 가치의 원천을 개발해야만 하지요. 새로운 방식으로 이전의 서비스를 판매할 수는 없습니다."라고 말한다. 어도비의 클라우드 제품들은 새로운 소비자들을 끌어들이는 동시에 기존 고객의 상당 부분을 유지할 수 있었다.

최종 요약

- 적절한 가격 결정 모델은 기업의 성공을 보장해주는 가장 중요한 요소 중 하나다. 가격 결정 모델이 만족스럽게 구축되면 기업은 번영할 수 있게 된다. 하지만 가격 정책이 잘 관리되지 않으면 기업 전체가 파산에 이를 수도 있다.

- 수익화 전략을 세우기 위해서는 포트폴리오에 있는 제품들의 개별 가격을 최적으로 관리하는 것을 넘어서는 훨씬 그 이상의 것이 필요하다. 적합한 수익화 접근법은 기업의 전략과 목표, 포지셔닝뿐만 아니라 기업 문화와 관련된 관리 방식, 도구, 모든 절차가 그에 맞게 뒷받침되어야 실행될 수 있다.(그래야 비로소 수익 모델에 반영되어 그것이 가격화되는 것이다.)

- 수익 모델을 전환해 성공하려면 다음의 세 가지 핵심 질문에 대한 답을 찾아보는 것이 중요하다.
  1. 우리의 고객이 중요하게 여기는 가치는 무엇인가?
  2. 어떻게 수익화 전략을 세워야 할까?
  3. 수익 모델 전환을 기업 내에서 어떻게 시작할 것인가?

- 기업은 수익화 모델을 바꾸는 데 성공하기 위해서 다음 여섯 가지 가르침을 명심해야 한다.

1. 구체적인 목표와 함께 분명한 비전을 세워라.

2. 그 길을 꾸준히 가라.

3. 변화를 강요하거나 고객을 놀라게 하지 마라.

4. 주주와 사용자 모두와 주도적으로 소통하라.

5. 모든 변화를 고려해 끊임없이 그에 적응할 준비를 해라.

6. 계속 가치를 창출하라.

우리가 가격 결정 모델 혁명이라고 정의한 수익 모델의 진화는 가까운 미래에 마주하게 될 도전 중 하나이다. 그렇다면 당신은 어떤가? 변화를 맞이할 준비가 되어 있는가?

가격 결정의 기술

초판 1쇄 인쇄 ㅣ 2023년 11월 22일
초판 1쇄 발행 ㅣ 2023년 11월 28일

지은이 ㅣ 다닐로 자타
옮긴이 ㅣ 강성실
발행인 ㅣ 노승권
발행처 ㅣ ㈜ 한국물가정보

주 소 ㅣ (10881)경기도 파주시 회동길 354
전 화 ㅣ 031-870-1062(편집), 031-870-1060(마케팅)
팩 스 ㅣ 031-870-1097

등 록 ㅣ 1980년 3월 29일
이메일 ㅣ editor@kpi.or.kr
홈페이지 ㅣ www.kpi.or.kr

* 값은 뒤표지에 표시되어 있습니다.